アラブ民衆革命を考える

水谷 周【編著】

Makoto Mizutani

Arab Popular Revolutions

国書刊行会

編著者のことば

本年の中東アラブ諸国は、チュニジアのジャスミン革命で幕が切って下ろされた。その余波はエジプトからさらに周辺諸国にも達している。その検討のための視点としては、他の諸情勢と同様に、短期、中期、長期の三段階に大きく分けることができる。

短期的なものとしては、例えば日々の動きを伝える報道やその解説が典型的である。他方学術的な手法だと、慎重な資料収集を踏まえて全貌の把握に務めるので、どうしてもかなりの時間がかかることを覚悟することとなる。またそれは動向の山が一応収まってからにしようという発想にもなる。このような中にあって、本書の立場はそれらの間を行くということにある。つまり日々の変化を見過ごしはしないが、同時にそれらに忙殺されることなく、より大きな潮流の中で状況を把握することを課題としている。

このような二つの責務をまっとうするに足る学識や現地経験、さらにはそのための新鮮な感覚も持ち合わせた人たちにより、本書の執筆を進めることができたのは幸いであった。

本書の構成は、アラブ諸国全体の歴史的構造的な動向把握、それにつづいて各国の議論をチュニジアや北アフリカ、エジプト、リビア、シリア、そして湾岸・アラビア半島諸国に分けて取り上げる形になっている。たとえここで取り上げられない国々があっても、アラブ諸国は政治的に同質な面が多く、右のようなさまざまな議論が明確な示唆を与えるだろう。さらには歴史の枠組みや政治文化を底流として把握していれば、状況の変遷は理解しやすくなる。

「革命」の呼び声にもかかわらず、「正義」を求め「腐敗追放」を叫ぶシュプレヒコールの指導理念からすると、それは伝統的なアラブ政治のパターンとまったく異なる新たな試みであったともただちには言えないかもしれない。また来る新たな政治体制を真に民主主義と呼べるかどうかは不透明である。さらには、今回、民衆革命は人間の尊厳を求めたものとして、広く世界の人間性圧迫に対する抵抗運動を触発する性格と可能性を秘めている、それはアジアの大国へも大きな警鐘を鳴らしていると見られる。

急を告げる事態の展開を念頭に置きつつも、同時にこれらの本質的な諸課題にも本書は洞察の光を当てることとなる。ただし一応の区切りとして、これらの本質的な諸課題に洞察の光を当てることとなる。イエメン、シリアなどの指導者の先行きは明日をも知れぬ様相である。さらには中東のどこまで飛び火するのであろうか。急を告げる事態の展開を念頭に置きつつ、本書が本質を外れずに読者諸氏へ客観的な理解の鍵を提供し、さらには、わが国の政策策定上、必携の一助となることを期待する。けだし、中東アラブとの一層の能動的な取り組みは、今後の日本の進路には不可避であると見られるからだ。

編著者　水谷　周

目次

2章　革命事始め――チュニジアとマグレブの動向――……中川　恵

3章　エジプト一月二五日革命は何を目指すか……長沢栄治

6章　半島と湾岸

装幀／ヤマダ　マコト（志岐デザイン事務所）

1章　アラブ政治とアラブ民衆革命

アラブ・イスラーム研究家　水谷　周

義憤の爆発がこれほど急速に伝染し、それが国政を転覆させるとは誰が予測しただろうか？　未完の部分も多い。そこでアラブ民衆革命について、報道であれ論評の分野であれ、時間を惜しんで世界中で作業が展開されている。また今後の事態の進展に伴い、その成果と真価が問われることとなる［1］。

ほぼ半年経過した現段階では、ようやく全体的な把握や展望が可能になってきた。多岐にわたる議論を踏まえ、また革命以前よりのアラブ政治研究の成果も加味しつつ、本論では大きく二つの疑問について考えることとしたい。

前半はどうして一連の動きが広範囲にわたって連鎖的に生じたのかという疑問である。そこで「理解のために」と題して、アラブ諸国を通じる政治的同質性と動向の同時性の問題を取り上げる。後半はこの事態をどう見るかという疑問である。そのため「評価のために」として、焦点を二点に絞る。一つは民主化の達成度や具体的な内容はどうなるかということ、二にはアラブ諸国の今後の対外関係はどうなるかという問題である。

〔理解のために〕

1　アラブ政治の同質性

表題にある「アラブ政治」という用語が存在する。この濃厚な政治文化や信条を共有しているアラブの政治的体質についてまず把握しておこう[2]。

（1）イスラームの影響

政治的同質性を醸成する最大の要因は、イスラームを共有しているという点にある。今一度イスラームの政治への影響の深さと広さをまとめておこう[3]。

イスラームは政治や経済も含む包括的な宗教であることは知られている。生活万般を取り仕切り、その全体を受け入れることはムスリムとしては当然なことである。もちろん仏教にしてもキリスト教にしても、当初は狭義の信仰の立場に置かれてはいなかった。しかし聖と俗が別立てに整理され、社会的にもそのように扱われるようになって久しい。イスラームでは聖職者は存在しないし、信者全員が布教の責任を担うこととなる。

伝統的にはイスラームの学者層であるウラマーたちは、統治者であるハリーファ（カリフ）に対して進言する立場にあった。また統治者に対して訓戒の書を著し、ハリーファたちはそれから善政のあり方を学ぼうとした。

イスラームを騙りつつ実行されたテロ活動は、ジハードとも称されている。もちろんイスラームではテロは考えられないし、またイスラーム法によりジハードの合法的な発動にはさまざまな条件が付けられ、たとえばムスリム共同体の防衛のためでなければならないとされる。したがってエジプトのサダト大統領を暗殺したジハード団や、九・一一のアル・カーイダ・グループはムスリム世界でも非難し拒否されている[4]。ただここで留意したいのはジハード団やアル・カーイダは、ともかくイスラームを旗印にしたという事実である。つまりイスラームを政治と切り離しては捉えていないことが、本論との関連で重要なのである。

政治を含む包括性のために、イスラーム諸国における非ムスリムやムスリム少数派の扱いが問題となる。たとえばエジプトでは全人口の約一五%を占めるキリスト教のコプト教徒がいる。レバノンのようにあらゆる政治的ポストは宗派別に仕分けされるターイフィーヤ(宗派制度)もある。シリアでは少数のシーア系アラウィー派は多数のスンナ派より意のままになるので、フランスの委任統治下の軍内部で重用された。そのため独立後彼らが武力を手に入れた。その末裔がアサド大統領父子である。

以上の包括性の特徴を裏から表現することもできる。イスラームという宗教が国家と社会の中軸であり実質上の最高規範として機能せざるを得ないのは、それを除いては人々をまとめる力を持つ思想が生まれなかったということだ。現在でもイスラームを除去すれば、アラブはただちにバラバラに分裂してしまうだろう。それは中東社会にとって必須の接着剤なのである。

ところで中核たるイスラームは統治者に対する訓戒の書の域を越えて、民衆全体の政治参加のための政治思想は歴史を通じて提示してこなかった。他方、特定の思想より裾野の広い政治文化は、事の性格上一般民衆にも広く流布することとなった。実は現在に至っても、歴史の遺産として多大な影響を及ぼしているのはこの部分である。特段の順序はないが、以下にその特徴点を列記する。

①軍事介入の常態化

欧米の近代的政治体制において当然のごとく堅持される原則の一つは、軍に対する文民統制である。つまり軍という暴力機構の独走を文民の長が抑制する権限を保持すべきであるということだ。これは日本の戦前の軍国主義に対する反省からも理解されるところだ。

ところがイスラームの歴史においては、事態はまったく逆であった。軍部は常に政治権力と一体であり、政府の長は軍の長でもあった。そのようなあり方が理想とされる預言者ムハンマドの率いた共同体（ウンマ）の統治制度であったし、その後の四代正統ハリーファの時代もそうだった。そしてその事実がその後の統治論の基礎となった。

二〇世紀の初め、第一次大戦敗戦によるオスマン帝国の崩壊に至るまで、連綿として正統な支配権限はハリーファが掌握するものだと考えられた。他方それまでにも歴史的には事実上の支配者として、スルターン職がハリーファによって承認されたこともあった。それは日本において正統性を維持する天皇によって、征夷大将軍が任ぜられたのと瓜二つだ。

いずれにしても政治への軍事介入に対する警戒心やアレルギー症状は、イスラームの政治的伝統には見られないのである。このことがエジプトのナセルであれイラクのフセインであれ、軌を一にしていることは言を待たない。政府の長が軍の長であること自体は、何の説明も釈明も必要としなかったのである。

②独裁制の恒常化

ハリーファ制は同時に、独裁制でもあった。それが露骨な独裁制とは少々趣を異にしていたことも事実である。ウラマー（学者）たちの訓戒の書が往来し、彼らの具体的な諌めの言葉がハリーファの意向を左右した事例は、アラブの史書に多数記録されてきた。

しかし独裁制の伝統は、ウラマー層の弱体化が明らかとなった二〇世紀においても生き延びていたのだ。ウラマーたちは実定法制定によりイスラーム法解釈の権限を奪われ、近代的な司法制度や教育制度によって、裁判官や教育者としての出番は奪われ続けた。そして最大の打撃は、イスラーム財産管理の特権を一役所（ワクフ省）に奪取されたことであった。彼らは国家官吏の一種に変質してしまった。

そのような中において、いわゆる立憲議会制度はまったく外見的な化粧以上の役割を担うはずもなかった。もちろん一定の範囲で、たとえばエジプト国王の横行を抑えて、あるいは反英の世論を反映することもあった。しかし国王は憲法を停止する権限があり、議会が解散、ないしは閉鎖される憂き目に合うこともしばしばであった。

それでも人々は国王らが独裁であるからとして批判することはなかった。なぜならばイスラームの伝統的判断基準はそのような制度論ではなく、政治のもたらす成果いかんであったからだ。つまりあまりの依怙贔屓、腐敗、不正は問題視された。それらは場合によっては、極度の貧困や不名誉な敗戦に対する怒りかもしれない。不正義であり横暴であり慈悲に欠けるとして、それらは不信者の持つ悪徳の像と重なり合わさって、非難、糾弾されたのであった。

逆に良い成果の上がっている政府は、独裁であろうがそのほかの政体であろうが、是認され賞賛されるのである。ナセルに対する熱気は本物であり、サウディアラビアの諸国王に対する国民の敬愛の情はうわべの見せかけや、偽りではないのである。

なお今回、民衆革命を通じて「専政者（ムスタビッド）は出て行け」という言葉が聞かれるようになった。ようやく独裁性が常であるという伝統に亀裂が入り始めている証左のようにも映った。従来支配者を批判し非難するときの用語は、暴君や圧政者（ターギー）であり、それは独裁批判よりはその政治内容を批判していた。これが変化し始めたようにも見受けられたのだ。前述の文民統制も含めて、時間がかかるとしても伝統はいずれ変容する定めにある。

③現代政治制度論の欠如

ハリーファを首領とする独裁制が歴史を通じて温存されたことを言い換えれば、イスラームの政治制度論は当初の段階よりほとんど発展しなかったということにもなる。現代国家が一般的に必要とするような詳細精緻な水準のものが欠如しているということであり、欧米と比較して問題にする話ではない[5]。

イスラームの現代における政治制度論が欠如しているにもかかわらず、今もイスラーム過激派はハリーファ制の復活を要求している。他方、自由主義者たちはイスラームを堅持しつつ、ハリーファ制は独裁制であること、並びにクルアーンも預言者伝承もハリーファ制を義務づけているとは解釈できないこと、したがって政治制度は自由に選択できると主張する。自由主義者は過激派批判の他の論点では時に団結しないこともあるが、この点だけは迷いなく一致している。

本論ではどのようなクルアーン解釈が妥当かは問うていない。要はイスラームにおいては現代社会の実態に見合った周到な政治制度が生み出されていないために、原則論的なレベルに終始した議論が続いているのだということを覚えておこう。未熟な国家論は、それ自体が形容矛盾と言える。けだし漠然として不備な定め方では、複雑な現代の国家運営は望むべくもないからだ。

むしろクルアーンや預言者伝承を通じて政治に関して見出せるのは、政治の達成すべき目標や理念であり、その意味での政治的諸価値の源泉であろう。それが慈悲、正義、公平、誠実、信頼、忍耐、感謝などの徳目である。そしてこれらはイスラームの倫理道徳の世界と重なってくるのである。

制度論の欠落は、制度を考案する知的発想力と結論へ導く検討方法の未熟さも同時に示唆する。そのことがまさしく、たとえばエジプトの二〇年代の議会制導入に当たっても散見された。あたかも議会を設立すれば自動的に機能し、それが諸問題解決の万能薬になるかのような錯覚が一般的だった。さまざまな現実的利益の衝突の場が政治であり、そのための調整の制度としての議会であり、その機能を確保するのが憲法であるという認識は薄弱であった。憲法は社会を超越した諸規則の集合であり、その法的な演繹的解釈論がそのまま政治になると考えられがちだった。

④政治論議の道徳化

多くのアラブの政治論議を見ても、具体的な政策論が熟せず形骸化したやり取りに終始しがちである。その理由はすでに触れたように、しばしば政策論議はイスラームの倫理道徳の諸原則のレベルで受け止められがちなことにある。さらには、結局クルアーンの文言の引用や預言者伝承に言及するだけで終止符が打たれるのである。もちろんそうすることが最善であり、そこに最強の説得力もあるとするのが、ムスリムの心情であるとも言わねばならない。また振り返ってみても、伝統的には政治的な反対運動は宗教色を帯びるのが常でもあった。

このような現象は日本では遥か昔のこととなったので、理解するのに少々手間取るだろう。たとえばそれは武士道の世界に似ている面があるかもしれない。当座の利益感覚を離れ、武士としての生き様や死に様を自らに問うといった姿勢である。そしてそれらがどのように儒学で説かれていたかが脳裏を駆け巡る風情を描いてみよう。

ムバーラク大統領も、腐敗をはびこるままにして私益をむさぼってきた圧政者（ターギー）として、糾弾され追放されたのであった。そしてしばしばプラカードでお目にかかったスローガンは、「正義を希求し、不正を追放する！」、「腐敗を廃し、尊厳を！」というものであった。厳しい現実の裏付けはまさしくこの倫理綱領の世界に置き直され昇華されたかたちで、革命の牽引力が確保されたのであった。

(2) 歴史の影響

アラブ政治の同質性は、彼らの共有する歴史的経験に根ざした面もある。

①「十字軍症候群」の存続

一一世紀より一二世紀あまりにわたった「十字軍」との戦いは、エルサレム王国を追放して聖地をイスラーム側に取り戻すこととなったので、一応は勝利したと言えよう。しかし中東の立場から見れば、その版図全体における喪失を問題とする。イベリア半島という緑と水にあふれる甘美な土地を失ったのもその一端であった。さらにはマルタ島、シシリー島やバルカン半島も失われた。

西欧ではパレスチナを目指した「十字軍」を切り離して語りがちだが、アラブからすれば以上のような西欧の失地回復の戦闘全体をテーマとする立場に立つ。つまり十字軍も失地回復のための軍事行動の一部であり、それだけを孤立して扱うことはなかった。当時のシリア人法律家アル・スラミーの『ジハードの書』でもそのように扱っている[6]。事実アラブでは「十字軍」とは呼ばないで、フランク軍と称していた。その理由は派遣された十字軍の中でも、パレスチナにおいてはフランク王国の軍隊が先陣を切ることが多かったからであった。

そのような位置づけからすれば、アラブにとっての「十字軍」の記憶は勝利のそれではなく、敗

自由と正義

北の色彩を持って語られる事情が判明するだろう。それ以来植民地主義国の進出も含めて、アラブからすればただ過去の歴史的事象ではなく、現在も十字軍現象は続いているのである。

それは欧米との関係で、双方のキー・ワードともなっている。二〇〇三年、対テロ戦争との位置づけでイラクの戦闘に入った時のブッシュ大統領の発言に、「それは十字軍だ」との言葉があったことは世界を駆け巡った。アラブからすればまたか、ということであり、外の世界から見ても触れるべきでないパンドラの箱を開けてしまったことが直感されたのであった。十字軍症候群とも言うべき症状が続いているのである[7]。

②突然の独立と方向性の喪失

日本史を振り返ってみて、江戸時代の影響は今日でも相当直接的なものがあることは、経験知から誰しも知っている。それと対比し得るのが、中東におけるオスマン帝国支配である。その終焉は反オスマン帝国あるいは脱オスマン・トルコ運動の結果ではなく、第一次大戦における同帝国の敗戦により突如として訪れることとなったのであった。

こうして敗戦の瓦礫の山から産声を上げたのが、今日のアラブ諸国である。そこでは当初政治的な方向性喪失の現象が、共通して見られたのは不思議ではない。突然に選択の自由が自らの手中に転がり込んできたのだ。初めは相変わらず、アラブ人ながら旧オスマン臣民として親トルコ派もいたほどであった。あるいはまったく地方中心的なシリア民族主義などがあるかと思えば、その逆で汎アラブ主義、あるいは汎イスラーム主義など、百家争鳴の様相を呈していた。

それはアラブの苦渋であった。つまり多数の古典的思想や近代欧米の政治思想が往来したが、残念ながら満足行くものが定着しなかったのであった。イスラームの政治思想の大きな流れとしては、ファーラービー、マーワルディー、ニザーム・アルムルク、イブン・ハルドゥーンの四人を挙げることが多い。

ファーラービー（九五〇年没）はシリア出身で、人は集団的存在であるとして都市における指導者の役割と資格を論じた。その資格とはプラトン的な哲人王者とイスラーム的で預言者的なそれとの融合であった。次いで、イラクの人、マーワルディー（九七五―一〇五八年）はアッバース朝ハリーファの権威を主張し、他方実際に行政を取り仕切る各地方の支配者であるアミールやスルターンとの間の権威の範囲を定めるために、『統治の諸規則』を著した。ペルシア人のニザーム・アルムルク（一〇一八／一九―一〇九二年）は、国家によるウラマー層の保護と統制の仕組みを確立した。彼の政治指南書である『統治の書』は、節度、中庸、正義といった道徳的な訓戒に満ちている。

チュニジアの人、イブン・ハルドゥーン（一三三二―一四〇六年）は、因果律にもとづく国家権力を正面から認めた稀な学者であった。その著『歴史序説』は、砂漠の文明と都会の文明の交替で世の変遷を説明してあまりに有名である。人は社会に依拠するが、その結集力は団結力（アサビーヤ）から発している、この団結力は時とともに浮沈があり、王朝は人と同じように自然な寿命を持っているとした。団結力を具現する権力は国家の基盤として明澄に認識され、そこから彼の統治者論も展開された。

以上伝統的なイスラームの政治論は、そのまま統治者論であることに留意したい。共同体のあり方にも重点を置いたのは、イブン・タイミーヤ（一二五八―一三二六年）であった。しかし彼が説いたのは、東からモンゴルの侵攻が盛んな時代にそれ以上の世の中の混乱を避けるため、「反乱よりは服従を」という教えであった。彼の熱弁とともにそれは民衆レベルに深く浸透した。

こうして種々の欧米の政治思想は、オスマン帝国後のイスラーム諸国における思想的空白を埋める役割を担うこととなった。だがその意義はどこまで行ってもやはり接木であり、舶来品の限度を超えるものではなかった。

民族主義は植民地主義との闘争に役目を果たしたが、現在は過去の遺産と化した。自由主義は立憲議会制導入の声を高揚させ、あるいは八〇年代においてはイスラーム過激派との抗争において威力を発揮した。

社会主義は貧者への施しや慈悲の精神を尊ぶイスラームと馴染みやすい側面が少なくなかった。それは五〇年代以降、ナセル革命の重要な支柱の一つであるアラブ社会主義にも流れ込んだ。なお同思想は、三〇年代末より四〇年代を通じてシリアとイラクを中心に強まったバアス（復活）思想にも流れ込んだ。同思想はアラブ統一、植民地主義からの解放、社会主義を三本柱としていた。バアス思想は分裂気味な国内の統一に役立ち、シリアのアサド政権やイラクのサダム・フセイン政権の支柱となった。だが社会主義の国際的な退潮とともに、イスラーム諸国でもそれは後退した。最後に現状で問われている思想は、民主主義である。これについては本論でのちほど取り上げる。

③パレスチナ問題は植民地主義の落し子

植民地主義は、世界にその爪痕を残した。独立戦争はすなわち植民地主義国追放の戦いであった。あるいは香港のように、借地期間が終了し撤退する間際になり、民主主義を中国に強要するような居直り強盗のような場合もあった。

爪痕の深さでは、アラブの場合、特筆に値するであろう。イスラエルという国を残したし、さらには同国はかつての植民地主義諸国である欧米の基本的な支持を得ているからだ。それはいわば、中東の香港である。

イスラエルがその政策を改めて、域内協調主義を掲げるならば様相ははるかに異なっていただろう。しかし入植地拡張、ガザ地区の封鎖、さらには占領地と国内双方でのパレスチナ人に対する非人道的不公平な措置など、あらゆる非民主的手段を講じているのである。だがその実情は、得てしてテロとの戦いの喧騒にかき消される傾向にある。

イスラエルの民はクルアーンでは、黄金の雌牛像を奉るさ迷った民であり、とくに預言者ムハンマドを激しく責め立てる異教徒として登場してくる。本来ユダヤ教自体は一神教としてイスラームと同根であるはずが、イスラエルの民はしばしば悪徳の不信者として現れるのである。クルアーンの言葉は毎日アラブ各地で読唱されており、耳にしない日はない。また預言者伝承の文言として後代に混入されることとなった偽の文言のことを、アラビア語では「イスラーイーリーヤート」（イスラエルなど啓典の民からの言葉）という用語で総称されることとなった。そして、イスラエルに対する疑念と敵愾心はますます不動のものとなるのである。

こうしてパレスチナ問題は、中東における最大の問題として浮き彫りにされる。さらにアラブの立場を離れても、南アフリカのアパルトヘイト政策解消後は、国連でも最長期にわたる政治的議題となっている。以上の状況がアラブ諸国にとっては共通の足かせとなっているのである。

2　アラブ民衆革命の同時性

アラブ民衆革命の広範な同時性をもたらした背景として、以下の諸点に注目したい。

（1）欧米の態度

欧米の理解や協力、あるいは少なくとも反革命的な介入がなかったことは、まず特筆される。その第一は米国の中東離れである。

従来米国は圧倒的にイスラエル支持を堅持してきた。イスラエルは不沈の同盟国であり、ソ連寄りとなりがちだったアラブ諸国への橋頭堡であった。また域内の安定化は、中東の石油供給の安定化に貢献した。ところがこの二つの要因はいずれも過去のものとなった。第一にソ連はもう崩壊したし、共産主義への懸念は前世紀のものとなった。また中東原油への依存度は、現状において米国の需要のわずか五％を満たしているに過ぎない。また環境問題から化石燃料への依存度を減少させることも大きな課題となっている。

もっと直近の日程としては、二〇一一年にはアフガニスタンから、そして二〇一二年夏にはイラクから米軍が撤退する旨の発表が行われている。米国の脱中東が足早に訪れてきているのだ。

少し遡るが、二〇〇九年六月、オバマ大統領はエジプトを訪問した際にカイロ大学で演説をした。その中で彼は人権はアメリカのものではなく世界の共有するところであり、人権擁護が米国の政策であると高らかに宣言した。クルアーン、トーラ、聖書を平等に引用しての実に熱のこもった内容でもあった。この演説はアル・ジャジーラ他のテレビ放送にも乗って世界中を駆け巡った。それはアラブ民衆革命に直結しなかったにしても、アラビア語で聞く人々にも米国の予想される対応振りとして、広く期待感を持たせるものがあったと言われる〔8〕。

フランスのアリヨマリ外相は、チュニジアでの民衆蜂起の当初、チュニジア政府支援を語って世論を沸かせた。また同国の反政府デモが盛んとなっていた間も休暇を取っていたことや、さらに遡ってはベン・アリ元大統領より便宜を受けていたことを批判されて、結局本年二月、サルコジ大統領に辞表を提出した。フランス国内でも第三世界の民主化運動や人権問題については、以前と比べてはるかに共鳴度が高くなっていたことを反映している。したがって、その意味では米国の脱中東だけに着目するのは、平衡を欠いていると言わざるを得ない。その後、エジプト、リビア、シリアなどへ革命の波が広まったが、欧米諸国や大西洋条約機構NATOの支持の立場が維持された。

ちなみにアラブ民衆革命を総称して、「アラブの春」とも呼ばれている。一九八九年、ソ連の不介入を察知した人たちが、一斉に反共産主義と自由世界への意思表示を鮮明にして、「東欧の春」と呼ばれた。それは、一九六九年、チェコスロバキアにソ連軍戦車が首都プラハに送り込まれて事態を鎮圧した、短い「プラハの春」と対比された。

ここでは、「アラブの春」は「東欧の春」と異なった点があることを強調しておきたい。それは東欧の場合は、明らかに民衆側にソ連不介入への読みが先行していたということである。前年の一九八八年、ハンガリーより国境線にある森を越えてオーストリア側へ大量の政治難民が成功裏に脱出したという一大事件があった。たまたま筆者は、それを出張先のウィーンで目の前にしていた。

他方、今般の「アラブの春」においては、大国の出方がどうなるかといった読みが先行する余裕などはなかった。とにかく「当たって砕けろ」の精神に過ぎなかったのだ。オバマ効果も結果論の面が強いと言わねばならないだろう。

この点を指摘する意図は、アラブ民衆革命はそれだけ内発的なものであるとしてみなす必要があるということだ。「アラブの春」を引用符でくくった理由もそこにある。それはあくまで欧米という外界からの命名に過ぎない[9]。それだけに実態からすれば違和感があり、それはちょうど日本での台風を占領軍は米国式に「キャサリン台風」などと名付けた感覚を呼び起こす。中東の事象を外発的あるいは対外配慮から来るものとしてみなしがちなこの習性は、欧米の植民地主義的感覚の残滓でもあると見られるのでここに特記した。

（2）長期独裁政権の腐敗

同時性の大きな要因として、それぞれの国において長期独裁政権が存続していたという自明な状況があった。ベン・アリが二四年間、ムバーラクが三〇年間続いた。カダフィは四二年間、アサド父子で四一年、イエメンのサーレハが三三年、そして王家としては、ヨルダンが一九二〇年以来、サウディアラビアが一九三二年以来、モロッコはさらに遡って一七世紀以来、その座に君臨しているのである。歴史的にはアラブの政権転覆は、異民族の侵入によるものか、あるいは他のアラブ人軍事独裁者によるのが大半のケースであった。しかし昔日とは異なり、現代社会ではそれらはほとんど不可能か極めて困難になっている。また前節で述べたのとは逆に、欧米の反革命の介入がしばしば見られたことも大きな原因であった。

こうして結局長期にわたる権力は腐敗し、あるいは硬直化するという鉄則を確認することにもなる。世界の他の地域でも人々が見てきた、デジャヴュ（既視）の場面である。フィリピンのマルコス大統領、インドネシアのスハルト大統領、イランのレザー・シャーもその例に漏れない。また北朝鮮の金正日もすでにその域に達しているのであろう。

為政者たるもの初めは開発であれ改革であれ、何がしかの誠実な政策意欲を持って国政に望むのが大半のケースであろう。しかし長年月の間にその体制は、権力とその周辺部分の利益循環作用のために硬直化して、結局は権力者とその一族のために国政が私物化されるのである。そして初期の清新さは変質し、水の流れはよどみ始め、貧困そして種々の不正がはびこる結果となる。

では具体的にアラブ諸国では何が辛抱の限界を越えたと考えられたのだろうか？　まず多分に経済のグローバル化の中で、一部富裕層の成長による貧富の極端な格差拡大があった。また若年層が人口の三割程度を占める多くのアラブ諸国での高学歴青年層の失業問題が急を告げていた[10]。このような潮流を被ったのが、公正感や正義感に反する汚職、賄賂、利権などの腐敗の現象である。その最たるものが権力の世襲であった。これら理不尽さの権化として、最高権力者の追放という一点に義憤が集約されたのだ。

また別の視点だが、この脈絡で忘れられないのは湾岸の石油収入で豊かな諸国とそうではない国々との間の加速的な格差の増大という問題である。隣の芝生は青く見えるのである。加えてその隣人が横暴に振る舞い始めると、ますます格差が痛みとして感じられることとなる[二]。

これはとくにエジプトについて言える。なぜならば同国はアラブの先頭をゆくという、域内大国の意識をいつも享受してきたからだ。一九世紀にはアラビア半島に軍を派遣して、同地のイスラーム改革運動を鎮圧したこともあった。それが今ではその運動を掲げるサウディアラビア人に見下される場面に出くわすこととなったのだ。カイロで高級車を乗り回しているのはエジプト人では考えられない。通常アラブ人同士の関係はあまり注目されないが、このような側面でも辛抱の限界を迎えつつあったのだ。

（3）ＩＴの活躍

同時性の要因として、民衆動員に至る過程で果たしたインターネットなどソーシャル・メディアの役割が大きく注目された。「インターネット革命」という異名も、「アラブの春」と同様欧米から発信されてきた。国内青年層の動員に加えて、近隣諸国の様子が居ながらにして手に取るように伝えられて、それが飛び火現象の原因ともなった。これはＩＴ発達がもたらした顕著な事象として特筆されることは間違いないだろう。ただし過大な評価はできない。

第一の理由は、インターネットがなくてもいくらも大規模な民衆蜂起をアラブは見てきた。一九一九年のエジプトでの全国規模の対英一斉蜂起、一九二〇年以降のイラクでの度重なる独立運動、一九二五年、シリアでのドルジー派主導による対仏抵抗運動など枚挙に暇はない。それらはいずれもアラブ特有の口伝え作戦によって隣国へも響きわたり、反旗が翻されたのであった。あるいは一九三〇年代のパレスチナにおける反英、反ユダヤ人運動には、国境を越えていくつものアラブ諸国から参加者を得た。

第二は、インターネットの普及率の問題もある。エジプトでもシリアでも現在それは全人口の一五％程度とされている。フェイスブックやツイッターの利用者はさらに少なくなる。それよりも携帯電話の方は成人の大半に行き渡り、あるいはテレビを見ることは多数の視聴者を一時に獲得することとなるので影響力は大きいとみられる。

情報機器の活用という意味では、今回突如始まったわけではない。ナセル大統領はラジオ放送「アラブの声」を巧みに活用し、口語体混じりで演説したことで知られる。またイランのホメイニ革命の時には演説をカセットに入れて多量に配った。因みに天安門事件に際してはファクス利用が盛んだった。中東で圧倒的に衛星放送が伸びたのは、九〇年代初めの湾岸戦争が契機となったとされる[12]。そして何よりもムバーラク自身が、「知りたい時には、ＣＮＮを見よう」と言ってテレビ画面に登場していたことを、今となっては皮肉な一幕として思い出される。

今回、民衆革命へ向けての情報機器の貢献という形では、奥行に限度のある議論しか期待できない。それよりは広くＩＴ産業がアラブ社会へもたらす影響と役割という全体像の把握を課題とする方が意味のある観察結果が期待できそうだ。世論形成への影響、女性の政治意識の高揚、選挙への効果など見過ごせないテーマが考えられる。またＩＴ産業と関係して、多くのアラブ諸国における報道規制を問題提起することもできる。

〔評価のために〕

1 民主化への道

革命がもたらす経済政策や社会福祉・教育政策など全幅的な評価がいずれ問われるにしても、その真骨頂は民主化の課題であろう。それへの道はいまだ不透明である。

(1) 二〇世紀の軌跡と民主化の指標

「そもそも国政は、国民の厳粛な信託によるものであつて、その権威は国民に由来し、その権力は国民の代表者がこれを行使し、その福利は国民がこれを享受する。」これは日本国憲法の前文であるが、その源泉は一八六三年、米国南北戦争後にリンカーン大統領が行ったゲティスバーグ演説にある。中東イスラーム圏においてもこの言葉は当時より引用されてきた。それほどに民主主義そのものは相当以前より喧伝されてきた。またムスリム自身によって、本来民主制はイスラームに内在するといった主張も行われたことは知られている。

ところがその生育は、まったく順調ではなかった。二〇世紀前半は、立憲議会制の樹立が中東各地での目標であった。一九〇五年にイラン、一九二三年にエジプト、一九二四年にイラク、一九四六年にはシリアで実現された。その樹立自体が新時代の道標であり、ドミノ現象が生じたのだ。

しかしその後、政治的不安定性と経済困難という二重苦に悩まされた結果、結局二〇世紀後半に中東を席巻した政体は、軍事独裁制かあるいは国王・首長などの専制政治であった。前者は社会主義的でソ連寄りとなり、後者は石油資源豊富な国が多く、米国寄りという勢力分布も一貫していた。そして両者合わせて、権威主義との呼称が欧米では流布した。なおこの間、民主主義を否定し排斥するような政治を目指した指導者は一人も出なかった反面、民主主義の根本をわきまえてそれを実践する者も一人も出なかった。

ところで何をもって民主主義というのか、その指標でありメルクマールを我々自身ここで確かめておきたい。欧米流の概念に縛られる必要はないが、本論での議論を進めるための共通認識としたい。

第一に自由で公正かつ定期的な選挙により権力の座を競争すること。選挙妨害、一人候補者、不定期で恣意的な実施などは戦前の日本でも経験した。ナチスのような九九％の支持などという作られた数字を、ムバーラクは模倣していた。

第二は包括的で平等な政治参加を認めること。特定団体や宗派などを排除したり制限しないで、国民たるもの平等で自由な参加が認められねばならない。

第三には市民権の確保。基本的人権として集会、結社、思想や報道などの自由、私有財産の保護、法の前の平等などがある[13]。

以上三点の指標に照らして、アラブ・イスラーム圏で合格する国はまず見当たらない。

（2）民主化の関門

民主化へ向けて、アラブ諸国には政教分離という共通の大きな関門がある。

民主制は文字どおり人民に主権を認めるからこそ選挙で権力者を決定し、権力者は国民の信託によりその権限を執行する。だがイスラームでは主権はアッラーに存すると考える。信者はアッラーの委託により地上の代理者としてその行動を取るという仕組みになっているのだ。これは机上の空論ではなくて、ムスリムの一挙手一投足すべての言動に関係し、その思考や判断を左右する強い心理的影響のある信条である。

信教のいかんにかかわらず平等な政治参加を図ることが民主制の条件である以上、宗教を政治と分けられるかが自然と問題にならざるを得ない。しかしそのためには、本論の冒頭で言及したイスラームの包括性ゆえに、格別の困難が生じるのだ。この問題は具体的には結局適用すべき法の選択ということに帰着する。したがって人定法ではなくイスラーム法、あるいはその原型に当たるシャリーアに則るかどうかということが問題とされるのである。

前述したようにオスマン帝国が一九世紀後半に進めたイスラーム法の実定法化により解釈上の余地が減少した。法学者（ウラマー）の出番は限られ、それが社会の実態に合ったイスラーム法の運用を妨げたが、そのためイスラーム圏の混迷を招いたとして、今一度イスラーム法とウラマーの復活を訴える見解もある。これはイスラーム過激派の言いそうなことであるが、二〇〇三年戦争後のイラクの法整備にもあたっている米国の学究たちの最近の主張である[14]。

これに対して個人に宗教選択の自由を確保し、国家は宗教に介入すべきではないとする立場も当然ある。国家はイスラーム法を強制することは許されず、他方国家の責務は、公論が自由に行える公共の場の確保、基本的人権の確立及び個々人の自由意志の尊重確保にあるとする。ただしその自由意志により、つまり選挙により、結果として宗教政党が政権の座につくことも排除されないとする。右はかなり欧米の声のように聞こえるが、米国で活躍するスーダン出身のイスラーム法学者、思想家らの主張である[15]。

次のようにイスラーム法適用の現実的な諸側面についても議論されている。すでに長年にわたって実定法が優先されてきており、イスラーム法の直接の適用はされていないだけに、その教授法、実施の方法論、法的諸慣行との制度的かつ実際的な関連性を失い、とても復活は望めないとの見解である[16]。

いずれにしても、イスラーム法をどう扱うかが民主化の大きな関門として横たわっていることは明らかであろう。この点、革命前の一九八〇年、エジプト憲法第二条が改正されて、「シャリーアは立法の唯一の源泉である。」と定められた。それまでは「一つの源泉」とされていたが、定冠詞付きで「唯一」となったのだ。当時はイラン革命が成功してイスラーム思潮が強まっていたので、イスラーム主義者への配慮から憲法上の軌道修正が図られたのであった。そしてこの条項は今次革命後のエジプトでも今のところ温存されているのである。

(3)「ムスリム民主主義」について

神権か人権かという二者択一の選択の問題を先鋭化させないかたちで、「ムスリム民主主義」と言われるものが出現している。それは今後のアラブ民衆革命の成り行きを考えるのに大きな示唆を与えると見られる。諸例として挙げられるのは、現代のトルコやマレーシアなどである。インドネシアもほぼ同様である。そこではイスラームを国の宗教としつつ、選挙による政権交代を実現してきている。そして比較的国情は安定しており穏健な施政が見られる、つまり民主制の実を上げているとみなされるのである[17]。

トルコでは自由主義経済推進の中、ブルジョワの成長が堅実で、他方政教分離を唱えたケマル・アタチュルクの思想が軍部に強く継承されている状況にある。また都市経済の成長は農村部からの若手ムスリムの流入を呼び込んで、そうしてイスラーム回帰現象が顕著になったのである。それは九〇年代半ばより選挙結果として現れ、イスラームを綱領に掲げる正義・発展党が勝利を収めることとなった。ここにトルコ流の政教分離体制が自然とでき上がったともいえる。つまり政府が取るイスラーム傾斜の政策について、軍がその行き過ぎをチェックするという体制である。

マレーシアでも類似のパターンが見られる。そこではブルジョワの成長と選挙を通じての政党間の競争があるとともに、背景には管理役としての軍が存在している。だが、これぐらいの例で一般的なパターンを引き出すことは難しい。おそらくは、これらと同様な諸力のバランスが達成できる場合には、同様な政治的効果を期待できるのではないか、ということだ。

エジプトの今次革命を振り返ってみても、ムバーラクを辞任に追い込んだ最大の要因は軍部が彼を見放したためだったが、その軍部の決断は当然ながら市民の団結力の強さが直接の原因となった。政府機能がまったく不能に陥るまでの団結力を生み出したのは、いくつかの政治団体の連繫だった。青年中心の二〇〇八年四月六日運動があった。また国際原子力機関IAEAの元事務局長であるエルバラダイ氏を支持する市民グループもあった。それにムスリム同胞団も共闘の路線を取ることとなり、さらにかつての与党である国民民主党からも鞍替え組が現れた。こうして大同団結がなったのだ。

これは上に見た「ムスリム民主主義」の構造とほぼ同じだという点を確認しておきたい。軍部、プチブル、政治諸団体の競争関係などの要件が揃っているのだ。革命後のエジプト憲法改正委員会のメンバーとなったムスリム同胞団員は、「我々はちょうどトルコのケースと似ている」と述べている[18]。

(4) 民間団体の協力

最後に取り上げたい側面は、実に多数の欧米の民間団体や非営利法人などが、中東の民主化に尽力してきたということである。政府レベルとは別に右の民間レベルの協力は任意であるだけにきめ細かくなり、また現地人の有力者たちも直接当事者として巻き込む形で活動が展開されるので、非常に有効であるとみられる。またそれらは日本の中東支援の取り組み方にも示唆に富んでいる。その中から、ハーヴァード大学法学グループの近況を以下に紹介する[19]。

エジプトでは、本年二月二二日付『ハーヴァード国際法雑誌』に出されたエジプト憲法改正の提案の主要点が、二月二六日にほぼそのまま修正案として正式に採択された。大統領の任期を最大で二回八年間に制限することや大統領および議会選挙における司法による最大限の監視制度の導入である。このように早期に実現した背景には、ハーヴァード大学の法学者たちがかねてより彼らの友人のアーデル・シェリーフ・エジプト憲法裁判所副裁判長らと本問題について協議を重ねてきていたのだ。それだけに右採択に時間を要しなかったのであった。なお右修正案は三月一九日の国民投票において賛成多数で採択された。

他方バハレーンでは、改革派は首長という国王制の廃止は要求しておらず、二〇〇二年憲法のままの立憲王制が彼らの要求なのである。国民はスンナ派とシーア派の二つに分裂し後者が社会的に劣勢ながら、数の上では前者を上回る。このような中、法的な抜け道や解決策がないものか、すでにバハレーンおよび米国の法曹を巻き込みつつ、ハーヴァード・グループは検討を開始しいくつかの提案をした。巷に新造語として王制と共和制の混合で、「王和制」(monarblics) というのが登場しつつある。

2　対外関係

中東の域内と域外の諸関係に分けて検討する。

(1)　域内関係

①隊列の再編成

中東域内の政治地図を考えるときに原点として抑えておきたいことは、日本と比較して中東は遙かに変化を好む人々で満ちているということだ。日本は国内の改革を望んでいるとしても、周辺諸国との関係に大手術をしようとは目論んでいない。だが中東ではまだまだ事態は流動的であり、表と裏での覇権争いは日常茶飯事なのだ。

従来の構図は、対米協調という一点で域内の大国であるエジプトとサウディアラビアは軌を一にしていた。それがアラブ民衆革命を経て機能しなくなっている。エジプトが対米協調の旗印であった腐敗政権を引きずり下ろして、隊列から離れたからだ。一方サウディアラビアの方は、シーア派の脅威とともに国内の青年層を中心とした反専制の思潮に徐々に脅かされるに至っている。九月にはヨルダン外相による湾岸歴訪を経て、湾岸協力会議GCC拡大の動きがある。モロッコも加盟するかもしれない。要するに、保守連合の結成ということだ。このような新たな隊列の再編成がどの程度進み、それがどのような政治的意味を持つかはまだ不明だが、その方向性はすでに確認できる。

それと交錯するように、もう一つの組み合わせがある。それはむしろ従来通りの、安定志向型と不安定志向型の拮抗という側面である。つまり、域内諸事情を安定的に運びたいと考えるのは、エジプトとサウディアラビアである。彼らはすでに持てる立場にある。他方、不安定であることに利益を見出すのは、シリア、イラク、及びイランである。

イランはシーア派の勢力伸長を目論み、再三の国際的抑止にもかかわらず、核開発の手は休めていない。シリアは周辺の不安定さを、少数派が基盤となっている軍事政権の存続要因に転ずる手法を知り尽くしている。イラクも分断された以上、いずれの分派社会も自派以外の支配を受けるよりはまだ分裂状態の方がましだと考えるのであろう。そのためには、周辺国からの支援が一分派に対するものであっても流入することとなる。その周辺国とは主としてイランでありシリアという構図である。

ヨーロッパ連合に加盟できなかったトルコも関心をイスラーム諸国に向け直しつつ、今後の中東諸国との関係発展に努めるであろう。革命後のカイロに初めて訪問した外国の元首はトルコのギュル大統領であった。

②復活したエジプトの前衛性

タハリール広場のすぐ近くにアラブ連盟本部（写真）がある。そのビルはナセル当時、躍進するアラブ世界の象徴的な存在であった。今次民衆革命を経てエジプトの対アラブ関係における前衛性が復活したので、久しぶりにその輝きを取り戻した実感がある。エジプト外相から同連盟事務総長に転出したナビール・アラビーと筆者は、三〇年前、国連安保理決議案を起草する仕事を共にしていた。

彼は革命を通じて人権重視など進歩的な言動で注目されてきた。また革命後は、パレスチナ問題をめぐっても彼の肩入れで新たな戦列の再構築が始まった。対イスラエル強硬派のハマスと従来からの代表組織ファタハの連合により、パレスチナ政府を樹立する合意が、ついにカイロで達成された。またエジプトはシナイ半島のガザ地区への検問所であるラファハを開放する措置をとり、ガザ地区の封鎖状態は相当軽減されることとなった。彼は「アラブ連盟はアラブ民族の家だ。」と述べて、パレスチナの大義に邁進する決意を語っている[20]。

今般の民衆革命は、エジプト外交に新たな息吹を吹き込むこととなる。過去の多くの革命はエネルギーの発散を伴い、思想面でも周辺に余派を及ぼすことが多かった。ホメイニ革命、ナセル革命、果てはフランス革命などがあった。狭い意味の政府レベルに限らず、民衆レベルの複雑に絡みあう諸活動を通じても影響する。エジプト人のアラブ諸国における新たな影響が大きいだろうことについては、現地の巷で言わずもがなに意識されているところだ。

そこで一つの注目点は、この民衆の息吹を伝えるエジプトの新しい姿勢が、硬直化する湾岸諸国、中でもサウディアラビアと軋《きし》みを生じる可能性があるということである。両国は安定志向型だとしてもその相互関係はぬるま湯のままには放置されないのだ。革命の輸出をエジプトが目論むとは想定されないが、結果的には同様な事態もありうるのではないだろうか。それは最もサウディアラビアが警戒するものである。ナセルの当時も両国間の緊張があり、欧米では「アラブの冷戦」との呼称が横行した。一九六二年、イエメンにおけるナセル主義政権擁立のため、イエメンの王党派を支援するサウディアラビアと対抗しつつ、エジプトはイエメンに派兵したことが想起される。

③イランの「国際主義」

イラン政府は一連のアラブ民衆革命について、それはイラン革命に影響されたものだという論調を国内的に流している。また対外的には、アラブ民衆革命を支持する立場を表明している。革命後のエジプトとは三〇年ぶりに外交関係復活の方向である。だがイラン兵士が姿を変えてシリアのデモに参加していると伝えられる一方では、シリア政府に対してデモ鎮圧に使用する催涙弾などの物資を隠密裏に提供しているともされる[21]。イランのシリアに対する態度は両股をかけているようだ。

振り返るとホメイニ革命があった一九七九年以来、イランの周辺諸国への食指の伸びは顕著である。それはシーア派という思想的な側面とイラン人の民族的誇りの面と、さらには国家防衛上の安全圏確保という側面とが入り組んだ現象である。かつて共産主義で「一国社会主義」ではなく「国

アラブ連盟本部（後ろはカイロ・タワー）

際共産主義」が主張されたのに例を取り、「シーア派国際主義」とも呼ばれている。
シーア派はイラク、シリア、レバノン、そして湾岸諸国などに広がっている。とくにレバノンのヒズボラとパレスチナのハマスの両グループとの繋がりは直接的なものとして知られている。昨年一〇月、アフマディネジャド大統領はレバノンを訪問して、その肩入れを確固なものにしようとした。そして米軍の攻撃によってではあるが、イラクはサダム・フセイン失脚後シーア派国家に変貌した。英国の委任統治時代以来の少数のスンナ派による支配から、イラクは一八〇度方向転換したことになる。
イランは国際社会へも核開発により深刻な挑戦を続けている。また独自の人工衛星計画も推進している。それらは域内を越えて世界的な発言権をも視野に入れた作戦であるのは、北朝鮮と同様である。また今般の革命後、スエズ運河航行をエジプトが認めたのを受けて、地中海へイラン軍艦を巡航させる考えも示している。中東の動揺は好機と映っているのである。

(2) 域外関係

①今後を模索する米国

米国の中東離れにもかかわらず、中東における最大の関係国が米国であることは少しも変わりない。

一九七八年のキャンプ・デーヴィッド合意以降、エジプトはほかのアラブとは袂を分かち、イスラエルとの単独和平を締結するに至った。こうして中東での新たなパックス・アメリカーナが達成された。しかし結局、その体制に対する恨みは反米テロとして屈折した形で跳ね返ることになり、次いでそのテロに対する戦争が展開されたのであった。

今次アラブ民衆革命は、以上の積み重ねを覆して、やり直しを迫る勢力に力を与えることとなる。腐敗と不公正の権化であった支配者層は、欧米が支持する立場にあったからだ。つまり革命は、潜在的に反欧米の色彩を帯びざるを得ない。そこで「アメリカが恐れているのは急進的イスラームではなく、対米依存からの脱却である」という見解が出てくることにもなる[22]。

米国の中東に対する政策は行き詰まったなど、しばしば終末論的な表現が横行しがちだ。しかし公正に言えば、新たな方式の模索中なのである。米国としては、一応これまでの民主化を中心とした政治体制改革路線を推進することが現実的ではあろう。しかしそれはただちに湾岸諸国とは不協和音を奏でるので、常に修正し調整する必要に迫られることも明らかだ。ということは、すなわち各国別の政策が現実的だと主張するグループが出てくることを妨げないということになる。さらに別のグループは、中東の全般を通底する問題としてパレスチナ問題こそは、現時点で米国が正面から取り組むべき課題であると主張するであろう。同問題を中東政策全体の牽引車として使おうということでもある。

次の米国の中東政策の方式は、遠からずその姿が明らかになるものと期待される。結局、対外的諸要求は自らに対する刃として、その矛先が自分に返ってくることが避けられないのである。すなわち米国の対アラブ民主化要求は、非民主の最右翼であるイスラエルをどうするのかという問題に直結することが避けられないのである。

②パレスチナ問題の新境地

民主化の要求はつまるところ正義と尊厳を求めるものであり、今般のアラブ革命の中核をなす問題提起である。それは各国内における課題であると同時に、解放闘争を継続するパレスチナ人に明るい将来展望をもたらした。またさらに、それは世界への広がりを持つ性格のものである。

アラブの感覚は次のようだ。すなわち、十字軍を追放するのに二世紀かかった、オスマン帝国は四世紀間支配して消え去った、また西欧植民地主義諸国の支配も二世紀間であった、いずれも時間の長短があるにしても、やがて不正は滅びると。イスラエルの問題は始まってから、せいぜい半世紀あまりしか経っていないのである。パレスチナ人は焦ってはいないし、また決して諦めることもないだろう。正義を達成しないとすれば、それはアッラーの命令とその命に絶対従うとするムスリムとしてのアッラーとの契約に反するのだ。

イスラエルの拡張政策に基づく諸政策、なかでも入植地や非人道的な封鎖政策などを改めないとすれば、この悪循環のスパイラルを急転直下落ちてゆくだけである。またイスラエル国内における拷問、不当逮捕、参政や教育上の平等権侵害などの非民主的諸措置も埒外である[23]。

このように世紀の非民主であり不正義の問題として、アラブ全体にそして世界に突きつけられているのがパレスチナ問題である。アラブ諸国内の視点からも、また欧米諸国はじめ世界各国の政策においても、パレスチナ問題——ということはイスラエルの非民主性と非人道性——は避けて通れなくなっている。そしてそれに対する立場と対応はすべての関係国にとり、政治的誠実性と一貫性の踏み絵となりリトマス試験紙となるのである。つまり今やすべての道はローマではなく、パレスチナに通じているのである。今般のアラブ民衆革命は、以上のような現実を改めて白日の下に曝け出したのだ。

③イスラーム勢力の伸長

最も組織化されてアラブ諸国に広く影響力のあるイスラーム団体は、ムスリム同胞団である。エジプトからシリア、ヨルダン、パレスチナ、あるいは北アフリカにもその細胞組織を広げた。同胞団の原点とも言える社会福祉活動を展開するとともに、選挙を通じて議会に影響力を発揮してきている。エジプトでは今度の憲法改正委員会にも同胞団メンバーが入ったことは、前述したとおりである。しかしこの秋に行われる大統領選挙では、候補者は出さない旨をすでに正式発表している。驚くべき慎重さである。

米国は未だムスリム同胞団とはあまり接触を行ってきていない。まるで半世紀前のPLOのような扱いであり驚きを禁じ得ない。これまではムスリム同胞団の政治的役割と存在自体、ムバーラク政権が忌避するところであった。しかし同胞団が正式の政党登録も済ませて政治力を増すにしたがって、米国も再考を余儀なくされるであろう。こうしてイスラーム勢力が政治の表舞台に登場する日が近づいており、そのことが大きく内外の政策決定に影響するのは必定である。ただし同胞団のアメーバ的に無定形な政治姿勢――イスラエルとの平和条約承認問題など――は、そのような影響の具体的な予測を未だに難しくしている[24]。

この脈絡でもう一つ懸念されることがある。それはテロリスト団体、中でも、アル・カーイダ・グループの動向である。アル・カーイダは今回の民衆革命に関してはほとんど発言してきていないことが注目される。たとえばムバーラク政権は同グループを弾圧してきたので、その崩壊は願ってもないはずだ。しかし反面、民主革命側にそのお株を取られた格好にもなっているのだ。多数のアル・カーイダ分子が、民衆革命の騒動の中、刑務所から釈放された。エジプト、チュニジア、ヨルダンであり、さらにイエメンでも暗躍し、一部部族と合流もしながら政府軍と衝突している。ソマリアでは基地を拡大した。かつてはムスリム同胞団からアル・カーイダに移った連中もかなりいたとされるが、今後はその逆流があるのかどうか、その意味で正規の政治プロセスにアル・カーイダが近づく可能性があるのか、あるいはアル・カーイダの海外活動は暫く小休止して、その矛先が国内に方向転換されるのか、などに関心が惹かれる。

おわりに

評価の問題として中東の民衆革命は「新・市民革命」であるとの見解が出されている[25]。それは貧困、失業、腐敗などへのアラブ民衆の怒りは、植民地主義、人種主義、軍国主義などの横行により人間の生自体を辱めているこの世界を変革しようとするものである、それは「中東で完結してしまうわけにはいかない普遍的性質」を具現しているという見方である。その背景には、中東社会は昔から個人主義や普遍主義を育み、ネットワークとパートナーシップの市民社会を維持してきたのだ、というイスラーム文化への評価がある。

イスラームが教える姿とは、慈愛と安寧を構成員に強調する共生社会であるという意味で、右の背景は理解される。他方、今次のアラブ民衆革命が「新・市民革命」であり「世界革命の序曲」となるとの点については、筆者も大いに共鳴する。アラブ民衆革命は間違いなく歴史の新たな大きな章を占めることとなる。また、中東を越えた広がりを持つことも間違いない。具体的な例としては中国で相当の震度が観測されるだろう。

他方、すでに異常な震度が観測されるのは、民衆革命の可能性を予想していなかった世界の中東研究者たちである。大きな社会や国家の動きに関しては、人は長いものに巻かれる運命にあるのだ。そうなるのは必ずしも保身や人気取りといった利得観念が原因ではない。結局、仕事をする際、自らをどう位置づけどのような意図を持つかということに収斂する。自然と大きな兆候に勢力を注ぎ込むことになるし、それを前提に議論をすることとなる。

反省すべきはチュニジアやエジプトの軍部が革命を支持するとは誰も予測していなかったことだ。路上の市民と武装兵が握手し始めると、革命成就の鐘が鳴る。トルコでは二〇世紀初頭、ケマル・アタチュルクがそれを現実に提示して、現在に至るもトルコ国軍はアタチュルク革命の目付け役をしている。

米人研究者ゴーズは反省しつつ、早速仕事に再度着手し始めた。今後、アラブ人同士はより近い関係になるので対アラブ政策の一貫性を訴えている。つまり一方で人権を重視しつつ、他方の相手にはそうではないとのばらつきは許されないとする。さらに、とくにパレスチナ問題をめぐるアラブの団結に注目を促して、「アラブの将来を作るのはアラブ人自身だ」と締めくくった[26]。欧米が牛耳る発想を戒めているのだが、逆に言えば彼らはそれほどまでにアラブの動向に能動的であり、運命共同体化しているのだ。日本の中東への遠さを突いた言葉でもある。

《注》

[1] 二〇一一年八月末現在、革命後の新体制まで確定していない。その意味で現状では「アラブ蜂起」の呼称も見られる。悪くして軍部支配が継続し、民衆蜂起を契機とした軍事クーデターに終わる可能性はまだ完全には否定できない。

[2] 革命の飛び火現象は従来もあった。五二年ナセル共和革命以後、五八年エジプト・シリア統合、同年イラク共和革命、六二年北イエメン共和革命、六九年リビア共和革命と繋がった。さらに一六世紀、オスマン帝国という広域国家の成立も、一種の飛び火現象とも見なしうる。

[3] ただしイスラームの影響に関しては見解が分かれる。一例として、イスラームに権威主義的体制などの淵源を求めるのを批判的に見るのは、臼杵陽「アラブ革命は中東に何をもたらすか」、『世界』、二〇一一年七月、八一九号、二二八―二三四頁、二三〇頁参照。

[4] 一例として、世界約六〇ヵ国からなるイスラーム会議機構のオウル事務局長は、二〇一一年六月二五日、第二回国際テロ対策会議（於テヘラン）で、世界各地でのテロ行為を非難し、「テロをイスラームと決して関連付けるべきではない」と強調した。

[5] イスラーム政治制度論の硬直性は、最近のイスラーム経済学の旺盛な発達振りと好対照である。たとえば、長

岡慎介『現代イスラーム金融論』、名古屋大学出版会、二〇一一年。

[6] キャロル・ヒレンブラント『十字軍―イスラームの視点』、エディンバラ大学出版、一九九九年。失地回復全体を視野に入れる見地は欧米の十字軍研究に新たな刺激を与えている。

[7] 今夏七月二二日、ノルウェーで起こった大量殺戮事件の犯人も、一一世紀の第一次十字軍の後に巡礼者を守るため結成された「テンプル騎士団」を名乗った。同人はとくにムスリム移民の増加に反対していた。

[8] リサ・アンダーソン「アラブの春の霧を払う」、『フォーリン・アフェアーズ』、二〇一一年五月・六月号、第九〇巻、三番、二―七頁。

[9] 二〇〇五年初頭より、イラク侵攻が周辺国の民主化をもたらすのではないかという期待感から、欧米では「アラブの春」の用語が使用され始めた。同年六月、レバノンにおけるシリア追放のデモの発生を持って、米国は「レバノン杉革命」と呼んだが、それは「レバノン杉の春」とも称された。しかしレバノン人は、「独立蜂起」と称するのが普通であった。

[10] 清水学「グローバル化とアラブ世界の激動」、『現代思想』、二〇一一年四月、第三九―四号、五二―五七頁。

[11] 一人当たり国民所得（単位千ドル）概数は、イエメン一、エジプト一・八、シリア二・二、チュニジア三・五、リビア一二・四、湾岸諸国は一五～六〇（除天然ガス）。福田安志「GCC諸国：民主化運動が起こる構造」、ジェトロ・アジア経済研究所主催公開講座『中東の大変動』（二〇一一年七月二五日）における配布資料を筆者が調整（出所：世銀統計など）。

[12] エドモンド・ガリーブ「アラブ世界における情報革命の新メディア―一つの評価」、『ミドル・イースト・ジャーナル』、二〇〇〇年夏、第五四巻、三番、三九五―四一八頁。少し古くなったものの、未だに本稿は本問題の

全体像を与えてくれる。

[13] 欧米流の市民社会の概念によって中東諸国を精査し議論したものとして、オーガスト・ノートン、「中東における市民社会の将来」、『ミドル・イースト・ジャーナル』、第四七巻、二番、一九九三年春、二〇五―二一六頁。

[14] ノア・フェルドマン、『イスラーム国家の没落と勃興』、プリンストン大学出版、二〇〇八年。

[15] アブドゥッラーヒ・アンナイーム、『イスラームと世俗国家―シャリーアの将来を論ず』、ハーヴァード大学出版、二〇〇八年。

[16] ワーイル・ハッラーク「シャリーアは復活できるか?」、イボンヌ・ヤズベック・ハッダード及びバーバラ・フライヤ・ストーワッサー共編、『イスラーム法と近代性の挑戦』、NY、ロンドン、トロント、二〇〇四年、二一―五三頁。

[17] ナスル・ヴァリ、「ムスリム民主主義の興隆」、『民主主義ジャーナル』、二〇〇五年四月、第一六巻、二番、一三―七七頁。

[18] シャーディー・ハマド「イスラーム主義者の興隆」、『フォーリン・アフェアーズ』、二〇一一年五月・六月、第九〇巻、三番、四〇―三九頁。

[19] シブリ・マッラート「中東における非暴力と民主的戦略」、『イスラーム信仰と現代社会』（イスラーム信仰叢書第一〇巻）、国書刊行会、二〇一一年、一一一―一一七頁。なお同氏は、今回民衆革命を驚きを持って見る人々に対して、それはアラブ人に対する人種偏見に他ならないとの警告を発している。多数の人権主義者や政権批判組が長年弾圧、拘留されてきたのは、南アのマンデラやポーランドのワレサ議長と全く同様なのに、アラブ諸国の場合はそれらの前兆を無視するから、驚きを持って民衆革命を見ることになったと指摘する。シブリ・マッラ

ート「中東革命の哲学―第一部：非暴力」、『ミドル・イースタン・ロー・アンド・ガバナンス』、ブリル社、三番、二〇一一年。一三六―一四七頁。
[20] 二〇一一年七月二〇日付アフラーム紙。
[21] 二〇一一年四月一六日、米国国務省発表。
[22] ノーム・チョムスキー「アメリカが恐れているのは急進的イスラームではなく、対米依存からの脱却である」『現代思想』二〇一一年四月、第三九―四号、一一―一三頁。
[23] キャンプ・デーヴィッド合意を反古に付すこととなるかどうかは、アラブ民衆革命の次の段階の問題として登場する可能性はある。ただし本年三月末エジプト・イスラエル両国はキャンプ・デーヴィッド合意成立三〇周年記念祝賀行事を滞りなく実施した。
[24] リドワーン・アッサイイド「イスラーム主義者とアラブ変革の動向」、アッシャルク・アルアウサト紙、二〇一〇年八月五日。アラブ革命は若者のエネルギーで推進されたが、それをジハード団、サラフィー主義者などイスラーム主義者たちがどうやって乗っ取ろうとしているかが焦点だとしている。
[25] 板垣雄三「中東の新・市民革命を、今日本から見、そして考える」、『世界』、二〇一一年六月、八一八号、一九九―二一〇頁。
[26] グレゴリー・ゴーズ三世「中東研究はなぜアラブの春を見逃したのか―権威主義の安定性の神話」、『フォーリン・アフェアーズ』二〇一一年七月・八月号、第九〇巻、四番、八一―九〇頁。

2章　革命事始め

――チュニジアとマグレブの動向――

羽衣国際大学現代社会学部教授　中川　恵

1　はじめに

二〇一〇年末、チュニジア南部の小都市シディ・ブジードで一人の青年が、自らの体にガソリンをかけ、火を放ち、焼身自殺した。彼はムハンマド・ブアズィズィという二六歳の失業した青年であった。母親や妹たちをはじめとする家族を養うため、野菜の移動販売をしていたが、一人の女性警官に仕入れた野菜と友人から借りていた秤を没収され、さらに彼女に公衆の面前で平手打ちを受けた。ムハンマド青年は、野菜と秤を返してくれるよう、役所に赴くが相手にされず、絶望して役所の前の広場で、焼身自殺したのである。

彼のいとこが駆けつけるが、ムハンマド青年は炎に包まれ、時すでに遅し、であった。いとこは、その様子を携帯電話で撮影し、その映像をインターネットにアップロードした。映像は、カタールの衛星放送チャンネルであるアル・ジャジーラでも流れたが、当時チュニジア政府は、さほど重要視していなかった。首都から離れた町で起こった出来事としか見ていなかった。シディ・ブジードなどでは、若者を中心としたデモが起こったものの、首都チュニスでは小規模なデモが起こっただけであった。

事態が急変したのは、カスリーンでの抗議デモに対し、警察が発砲し多数の死傷者が出たことである。市民を守るはずの警察が、市民に発砲したという事態は、チュニジアの人々、とりわけ若者

首都チュニス中心部の大通りハビーブ・ブルギバ通りでの抗議デモ

ゴミ収集車の中の「11月7日通り」の表示プレート

たちの長年積もっていた不満を爆発させるのに十分であった。抗議デモはチュニジア各地に広がり、首都チュニスでも数千人規模のデモが起こった。

一九八七年一一月七日に無血クーデターで、チュニジア独立から大統領職にあったハビーブ・ブルギバ大統領に対し、当時のズィン・アビディーン・ベン・アリ首相は、医師団に、ブルギバ大統領は病気のため任務を遂行することができないという文書に署名をさせ、自らが大統領となった。以降、一一月七日は、チュニジアでは革命記念日となり、毎年盛大な記念行事が催される。また首都チュニスに限らず、地方でも街の目抜き通りや中央にある広場は、「一一月七日通り」「一一月七日広場」と名づけられた。また大学の名称でも「カルタゴ一一月七日大学」とされたものもある。

一九八七年に政権の座についた当初のベン・アリ大統領は、国民から大きな支持を得ていた。二〇〇〇年から二〇〇九年までの十年間で、チュニジアで年平均四・七%の経済成長をとげ、国民の一人当たり国民総生産は三七二〇ドルとなった。女性の地位向上にもつとめ、中東・北アフリカ諸国では珍しく、法律のレベルで一夫一婦制を規定した国である。国民の九割以上がイスラーム教徒で、憲法でも国教はイスラームであり、大統領はムスリムでなければならないと明記しているが、そのイスラームは「穏健」で、ヨーロッパ諸国との政治・経済・外交関係は良好、とくに旧宗主国であるフランスとの経済的・人的交流は盛んであった。イスラーム以前のカルタゴの歴史が、チュニジアのアイデンティティーの重要な一部として認識され、「文明の十字路」としてのチュニジアが、観光パンフレットなどにも盛んに書かれていた。

このように、国土や人口は小規模ながら、一見大きな問題のなさそうな、むしろ中東・北アフリカ諸国の中では、「成功」した国の一つであるとみなされていたチュニジアで、なぜ今回の一連の「革命」が始まったのか。本稿では、その原因について探ってみたいと思う。

2　独立から現代へ――一党制の強化そして社会経済開発の光と影――

一八八一年のバルドー条約によって、チュニジアはフランスの保護領となった。フランスから独立したとき、チュニジアは王国であったが、独立の翌一九五七年に王制を廃止し、大統領制の共和国「ジュムフリーヤ・テューニースィーヤ（チュニジア共和国）」となった。そのとき、当時首相であったハビーブ・ブルギバがチュニジア共和国初代大統領に就任した。共和国成立から二年後の一九五九年に、チュニジア共和国憲法が発布されている。

(1) ブルギバ政権期

①フランスからの独立を目指して

チュニジア共和国の初代大統領であるハビーブ・ブルギバ大統領は、一九〇三年モナスティールに生まれた。チュニスの名門リセ、サディキーヤを卒業後、パリのソルボンヌで法学の学位を取得した。パリで、のちに最初の妻となるマチルド・ロレン[1]に出会っている。チュニスに戻ったブルギバは、弁護士としての活動を開始するとともに、フランスからの独立を目指すドゥストゥール（独立）党に入党した。

一九三四年三月の党大会で、ドゥストゥール党は、保守路線を維持する旧来のドゥストゥール党と、近代化路線をとるネオ・ドゥストゥール党の二つに分裂した。ブルギバは、このネオ・ドゥストゥール党で、事務局長となった。

一九三〇年代に、フランス保護領政府総督としてチュニジアにマルセル・ペイルトンが赴任する。ペイルトンは、チュニジアで発行されていた左翼系の新聞を発禁処分とし、ブルギバを含むチュニジアのナショナリストらを南部に隔離するなど、強硬な政策を行った。

一九三六年にペイルトンに代わってアルマン・ギヨンが総督となった。セーヌ地方の社会衛生局長だったギヨンは、ペイルトンと違い、一九三六年四月にチュニスに着任する前に寛容な政策をとることを公言していた。総督として着任するやいなや、デモを行ったことで拘留されていたザイトゥーナ学院の学生たちは恩赦を受けて釈放され、フランス人コロン（植民者）らを非難する記事を書いてチュニスを追放されていた社会主義者セルジュ・モアッティはチュニスに居住することを許された[2]。フランス本国でも、総選挙で人民戦線が勝利し、レオン・ブルム内閣が成立した。フランスで左翼政党が政権をとったことは、チュニジアのナショナリストたちにも希望を与えた。

チュニジアのナショナリストで、チュニジアを離れていたドゥストゥール党創設者アブドゥルアズィーズ・タアルビが、一九三七年に戻った際、ブルギバは彼がネオ・ドゥストゥール党に参加することを望んでいたが、実現しなかった。それどころか、ドゥストゥール党とネオ・ドゥストゥール党の対立は深刻化し、死傷者を出す衝突まで起こった。ブルギバは、このような状況の中で、ナショナリズムにおける唯一の指導者たる地位を確立し、タアルビの汎アラブ主義そして反西欧化の路線を明確に拒否するに至った。一九三七年一一月のネオ・ドゥストゥール党の第二回党大会で、チュニジア独立の手段としては、平和的な方法しか取りえないと明言する。

一九三八年には、ネオ・ドゥストゥール党は解党に追い込まれ、その後も非合法政党として活動が続いた。

宗主国フランス自体も、一九四〇年にドイツに占領されたが、ブルギバはその際、フランスへの全面的な支持を表明した[3]。

その後、一九五六年にチュニジアがフランスから独立を勝ち取るまでの間、ブルギバは何度もフランスやチュニジアで逮捕・拘束されている。その合間を縫うように、彼は精力的に諸外国（カイロのアラブ連盟本部、シリア、レバノンなど）や国連を回り、チュニジアの状況を世界に訴えた。ブルギバはあくまでも平和的にフランスからの独立を勝ち取ろうとしたのに対し、即時独立を求める勢力との対立もあったが、ブルギバが政治的に優勢を維持した。

一九五六年三月、チュニジアはフランスから独立を獲得する。

②社会経済開発と独裁へ

イスラームの政治への影響を排除

チュニジア共和国初代大統領となったブルギバは、教育や医療の向上につとめた。また彼は女性の地位向上にもつとめ、女子の婚姻年齢を一七歳に引き上げ、多妻制を法律で禁止し、離婚や中絶を合法化した。

チュニジアの国教はイスラームであり、同国大統領はムスリムでなければならないと憲法に明記されているが、ブルギバは明確に政教分離の路線をとった。宗教関係者の社会的役割は縮小され、宗教教育の場であったコーラン学校は廃止された。また、司法の場でも、宗教法廷は廃止された。

一九五七年ワクフが廃止され、新たに設立した国土局に土地の管理が任された。ワクフの廃止は、政府が管理できる土地を増やすという目的だけでなく、イスラームの影響を減らすという目的もあった。

当時はまだフランス人の持っていた土地があった。フランスとの関係を維持したいブルギバは、当初これらの土地を買い取る政策を打ち出していたが、一九六四年に残っていた植民者らの土地を収用した。

さらに、ブルギバは、一九六一年には、国民に対して断食月に断食を行わないよう呼びかけ、一九六四年の断食月には、日中オレンジジュースを飲むなどの行為を行っている。

社会経済開発の行き詰まり

ブルギバ体制のもとで、チュニジア経済は年平均五％の成長率を経験し、ブルギバの一連の経済・社会政策は、数字の上では、一応の成功を収めたといえる。しかしチュニジアにもたらされたはずの「富」は、国内では一部の層が「独占」し、チュニジアに投資する外国資本によって国外にもたらされた。つまり、大半のチュニジア国民にとっては大きな恩恵をもたらすことはなかった。

一九七八年一月末には、チュニスでゼネストから暴動に発展した「暗い木曜日」事件が発生した。この暴動のきっかけは、チュニジアが、国際通貨基金・世界銀行の指導で実施しようとした経済改革で、パンや小麦粉、食肉など食糧品の価格が急速に上昇したことにある。その結果、一九八四年に食糧暴動が首都チュニスを含むチュニジア各地で発生し、全国での死者は八四名に上った。この暴動は、結局ブルギバ大統領が値上げを撤回したことで鎮静化したが、チュニジアの経済開発の問題点を晒す結果となった。軍の介入によって、公式発表によると死者五一名、傷者四〇〇名だが、実際の死者は一〇〇名を超すとみられる。この暴動を受けて、非常事態宣言が出され、夜間外出禁止令も発令された。

また、一九八〇年一月末には、死者四〇人、負傷者一一一人、逮捕者四二人を出したガフサ事件も発生した。さらに、一九八〇年代には、対外債務の危機が起こっている。

独裁の強化

政治面では、一九七四年九月の社会主義ドゥストゥール党大会で、終身大統領制が採択された。一九七五年に憲法が改正されて、終身大統領制となり、ブルギバ大統領は独裁色を強めた。

一九七九年九月の社会主義ドゥストゥール党大会では、複数政党制への移行が否決されたが、翌年のガフサ事件を受けて、一九八〇年七月には、民主社会運動[4]の活動を認可し、複数政党制への移行が、形式的には始まった。一九八一年の社会主義ドゥストゥール党臨時大会では、複数政党制への移行を決定した。一九八一年一一月には、国会選挙を行い、野党も参加するが、結果的にはすべての議席を与党が独占し、形式的には複数政党制への移行が進められているものの、実際には、一党独裁が強化されていった。

一九八六年七月には、当時のムザーリ首相が解任され、スファル首相が就任した。ムザーリ首相は、九月にスイスに亡命する。そして、一九八六年一一月には、国会選挙が実施されたが、主要野党がボイコットし、与党が全議席を独占した。

さらに、同一九八六年、ムザーリ前首相が、欠席裁判で禁固三年の刑を宣告されている。

このように、ブルギバ大統領は政敵を次々と政治の場から追放し、独裁色をますます強めていった。

ブルギバは、近代化政策を推し進めるにあたって、低開発の状態から脱出するために必要であれば種々の自由を制限することも必要であるという考えであった。ただ、前述のように、開発に基づいた経済発展という政策も問題を抱え、政治・経済・社会のいずれの面でも一九八〇年代末のチュニジアは行き詰まりを見せていた。

このような状況の中で、一九八七年一〇月、ベン・アリ内相が首相に就任し、スファル前首相が国会議長に就任する。一九八七年一一月七日、ベン・アリ首相は医師団を集め、ブルギバ大統領が病気のために職務遂行が不可能であるという文書に署名をさせ、ブルギバ大統領を解任する。そしてベン・アリ首相が新大統領に就任した。

なお、チュニジアは外交面では、一九八〇年代、アラブ連盟本部やパレスチナ解放機構を受け入れ、存在感を有していたといえる。エジプト・イスラエル平和条約締結によって、一九七九年にアラブ連盟本部がチュニスに移転している。また、ベイルートを追放されたパレスチナ解放機構を受け入れている(パレスチナ解放機構は一九八二年にチュニスに移転し、オスロ合意後の一九九四年にパレスチナに戻る)。パレスチナ解放機構の受け入れに付随して一九八五年一〇月には、イスラエル空軍機が、チュニスのパレスチナ解放機構本部を爆撃、また一九八八年四月、PLOのアブー＝ジハードが、イスラエル秘密警察によって、チュニスで暗殺されるなど、社会不安も起きている。

(2)ベン・アリ政権期

前述のように、女性の地位向上、教育の普及による国民の識字率の上昇など、ブルギバ政権下で改善した状況もあるが、国内の政治的な場では、一党独裁を推し進め、政治的自由が抑圧され、そして経済的には対外債務が累積し、多くの国民の生活は一向に良くならず、食糧暴動などが発生していた。このような状況のなかで、ベン・アリ政権は誕生した。

クーデターによって、首相から大統領に就任したベン・アリは、「一一月七日宣言」で、民主主義と社会の進歩を約束し、大多数のチュニジアの人々はそれを好意的に受け止めた。

しかし、間もなくその期待が誤りであったことに、人々は気づいた。政治的抑圧はますます厳しくなり、経済格差は広がっていった。汚職は蔓延し、コネが就職には不可欠の条件となった。地方の貧しい家庭に生まれ育ち、家族を養っていかなければならない立場を背負ったムハンマド・ブアズィズィのような青年は、チュニジア中に増えていったが、彼らにとって、明日への希望を持つことは困難であった。

①政治――権威主義体制の確立と自由の抑圧――

前政権の負の遺産の「払拭」

一九八八年二月、社会主義ドゥストゥール党はベン・アリ主導で「立憲民主連合」へと名称変更し、終身大統領制の規定を廃止し、再選は二選までとした。さらに、イスラーム主義者を含む政治的反対派を釈放し、拷問を正式に廃止し、中東北アフリカ諸国で初めて拷問と非人道的取り扱いを禁止する国連条約を批准した。そして、クーデターからちょうど一年後にあたる一九八八年一一月七日に、「国民協定」を主要な政治勢力と結んだ。ここで、ベン・アリのこれまでの一連の取り組み、つまり拷問の禁止、特別裁判所の廃止、反対派の釈放などの人権重視の姿勢と国内の諸勢力との関係締結などが一つの結果として国民の前に提示された[5]。ベン・アリ政権は、ブルギバ政権下での政治経済の行き詰まりや人権抑圧による社会的停滞を一つひとつ打破するための政策を打ち出していくことでスタートしたわけである。

ブルギバ大統領の時代に認可を受けていた三つの野党、共産党[6]、人民連合党、社会民主運動に加え、新たに三党が認可された。新たに認可を受けたのは、進歩社会主義連合、発展のための社会党[7]、そして連合派民主連盟である。しかしこのとき、イスラーム主義組織であるナフダ（覚醒）は政党として認可されなかった[8]。

大統領が職務を遂行できなくなった場合の憲法規定にのっとって首相から大統領に就任したとはいえ、実際にはクーデターによって大統領となったベン・アリは、一九八九年四月に大統領選挙に臨み、国民の信を問うた。対立候補の出馬はなく、結果は、九九・二％という圧倒的な票を得て当選した。

一党独裁の確立へ

クーデター後初の、一九八九年四月の大統領選挙でベン・アリ大統領が圧勝し、同時に実施された議会選挙では与党の立憲民主連合が一四一すべての議席を占める結果となった。この選挙は、チュニジア史上初めて多党制のもとで実施されたものであったが、結果は多党制を反映したものとはなっていなかった。この点について、ナフダは立憲民主連合による選挙操作と批判を繰り返した。同じ頃、隣国のアルジェリアでは、イスラーム救国戦線が勝利した選挙結果に、軍が武力で介入し、内戦に突入していた。イスラーム運動の勢力拡大は、チュニジアの政権運営の安定化にも妨げになると判断したベン・アリ政権は、国内のイスラーム運動の活動家やシンパを逮捕し、政党活動を禁止するに至った。

一九九一年の湾岸戦争では、イスラーム主義者と政府の間で対立が生じ、チュニスを含むチュニジアの諸都市で暴力的な状況が見られた。イスラーム主義者を中心に多くの逮捕者が出た。一九九二年に、このようなチュニジアでの抑圧の状況を告発したチュニジア人権擁護連盟代表であったモンセフ・マルズーキーも逮捕された。

一九九四年三月の大統領選挙では、ベン・アリは、九九・九％の支持を受けて、二期目の当選を果たした。一期目を上回る支持を得ての再選であった。この大統領選挙で、モンセフ・マルズーキーは、大統領候補として名乗りを上げていたが、直前に取りやめ、選挙後の三月二四日に逮捕された。また議会選挙では、立憲民主連合が九七・七三％を占め、直前の選挙法改正で一九議席増えた総議席一六三のうち一四四議席を獲得した。つまり、増席された一九議席は野党が獲得（社会民主運動　一〇議席、革新　四議席、連合派民主連盟　三議席、人民連合党　二議席）したわけであるが、野党の得票率に合わせて比例配分されるという極めて操作的なものであった[9]。また、翌一九九五年五月に実施された地方選挙でも、立憲民主連合が九九・八五％を獲得し、野党は全体で四〇九〇議席のうち、六議席しか獲得できなかった。これら一九九四年の総選挙と一九九五年の地方選挙は、「以後続いていく制限的多元主義の輪郭をはっきりさせる指標[10]」となり、形式的には多党制であっても、実際には立憲民主連合一党体制というチュニジア政治の特徴を顕著に示した。

一九九四年以降、二〇一一年の「ジャスミン革命」までに、一九九九年、二〇〇四年、二〇〇九年のいずれも一〇月に三回の大統領選挙が実施されている。いずれの選挙でも、ベン・アリ以外に対立候補が出馬しているが、ベン・アリ大統領の得票率は、順に九九・四四％、九四・四％、八九・六二％と、わずかずつ下がってはいるものの、非常に高く、いずれも圧勝と言える状況であった。またそれぞれの大統領選挙と同日実施された国民議会選挙では、立憲民主連合が、一六三議席のうち、一九九九年一四八議席、二〇〇四年一五二議席を獲得した。総議席数が二一四議席に増席された二〇〇九年の選挙では、立憲民主連合は一六一議席を獲得し、五三議席を野党勢力が分け合う形となった。地方選挙でも同様に、立憲民主連合が九割方議席を獲得する状況が続いた。

このように立憲民主連合が常に「圧勝」していた原因の一つには、選挙制度があげられる。小選挙区単純多数制では、有効投票数の過半数に達しない場合でも、獲得投票数が最も多かった候補者が当選するため、与党に非常に有利な仕組みとなっている。

また、与党と野党の政策の違いが明確ではないため、野党が独自の支持基盤を獲得するに至らなかった。与野党ともに、世俗主義の維持、反イスラーム原理主義、経済的リベラリズム、社会連帯、自由を唱え、野党独自の政策が見えなかった[11]。

思想・言論の抑圧

前述のように、一九八七年のクーデターの後、政治的自由はわずか二年で終わりを告げた。一九八九年の大統領選挙と国会選挙での圧勝以降、ベン・アリ大統領と立憲民主連合による一党独裁が強化され、政府に対する批判は抑圧された。

政府批判を繰り広げてきた代表的な勢力は、イスラーム運動のナフダである。ナフダは、ラシード・ガンヌーシが一九八一年四月に結成した「イスラーム志向運動が発展改組され、一九八九年に設立されたイスラーム主義「政党」である。一党独裁を批判したラシード・ガンヌーシは、一九八一年七月には仲間とともに逮捕され、一一年の刑を宣告され、投獄され、拷問を受けた。これに対し、宗教・世俗両方の多くの団体から彼を支援する声明が出され、一九八四年に釈放された[12]。一九八七年には終身刑を受けて再度投獄されたものの、翌年に釈放された。イスラーム志向運動は、一九八九年にナフダ党へと転化したが、公認は得られず、非合法活動のままであった。また、ガンヌーシはヨーロッパに政治亡命して、二〇一一年一月末までチュニジアを離れた。

一九九〇年に非合法化されたナフダ党は、二〇一一年の政変後、暫定政府によって合法化され、党首のガンヌーシもチュニジアに帰国した。今回の政変でチュニジア国民は求めるものは、抗議デモで掲げられたプラカードや町中の壁に書かれたスローガンなどにみられたように、自由・民主主義そして政教分離であることから、ブルギバ、ベン・アリ両政権が推し進めた政教分離政策は、チ

「自由・民主主義・政教分離」のスローガン

ュニジア国民に広く受け入れられており、ナフダ党がチュニジアで大きな支持を得ることは想像しがたい。

一九八八年の国民協定で、三つの野党が認可されたが、実際には自由な発言が全面的に認められたわけではない。一九九五年九月二一日に、体制の権威主義的傾向を批判するベン・アリ大統領宛ての書簡を社会主義民主運動が公開したことで、一〇月九日に社会民主運動議長のムハンマド・モアダが逮捕され、一一年の刑を宣告された。一九九六年五月には、モンセフ・マルズーキーが再逮捕され、続いてケマイス・シャマリ（社会民主運動副議長・国際人権連盟副議長）が逮捕された。翌一九九七年、労働組合のチュニジア労働総合連合の多くのメンバーが逮捕され、チュニジア人権擁護連盟副議長が逮捕された。一九九四年の大統領選挙での九九・九％の得票での再選、同年の国会選挙と一九九五年の地方選挙での立憲民主連合の圧勝に続く数年間は、このように人権が抑圧された時期であった。

ベン・アリ政権下では、政府が打ち出すさまざまなスローガンに反して、実際には、イスラーム政党が禁止され、反政府的な言動を行った者の逮捕など、民主主義や多元主義のプロセスとは逆行していた。二〇〇一年には、チュニジア人権擁護連盟が非合法化されている[13]。

野党の存在の希薄さに加え、世論形成において重要な役割を果たすはずのマスメディアも政府の管理下にあった。ベン・アリ時代のチュニジアには、一〇紙を超えるアラビア語およびフランス語の新聞があった。しかし、どの新聞でも一面は大統領のニュースが連日掲載された。大統領と外国の要人との会談などについて、どの新聞も同じ写真を使って、一字一句、句読点まで同じ記事を一面に掲載していた。写真と記事は、チュニジア通信社が代表取材で用意し、各新聞社に配信するためである。映像も政府の活動に関してのニュースでは同様で、チュニジア通信社が用意したものがテレビで流された。

大統領や政府の活動に関して知りたい場合、複数の新聞を買う必要はなく、その内容は常に大統領や政府の活動についてのプロパガンダ的なものであった。大統領や政府に対する批判はおろか、「順調に発展を続けるチュニジア」のイメージにそぐわない情報が、マスメディアにのるニュースとなることはなかった。チュニジア国民は、そのようなマスメディアからの情報に真摯な関心を寄せることはなくなっていた。しかし、インターネットが普及する前から、人々は「噂」を通して、多くのことを知っていた。ウィキリークスが大統領一族の腐敗ぶりを批判した米国大使館の公電を暴露したとき、チュニジア国民にとってはすでに周知の情報であった。

したがって、今回の革命の発端となったブアズィズィ青年の焼身自殺についても、インターネットがなくとも多くのチュニジア国民の知るところとなったであろうことは容易に想像できる。しかし、携帯電話で簡単に映像を撮影でき、その映像を一瞬にして世界に流すことができる時代でなければ、国際的なニュースとはならなかった。そしてこれまでのように、抗議デモを行った人々は投獄され、抑圧は続いていたと考えられる。

②経済――経済成長と生活水準の低下――

ベン・アリ大統領は、就任直後に、近代国家の建設、包括的で持続可能な発展、法・民主主義・人権を尊重した国家建設、そして女性の地位向上を含む社会発展という四つの柱に基づいた一〇ヵ年計画（一九八七〜一九九七年）を発表し、経済成長を重視した。

この最初の一〇ヵ年計画終了後に、ベン・アリ大統領は、「近代的で競争力のある経済のみが、繁栄と豊かさの資源であり、それは長い目でみれば、さらなる民主主義的手続きに沿った選択を可能にし、人権と社会正義を成功させる道である」と述べている[14]。

チュニジアは、この半世紀の間、国としては年平均五％の経済成長を遂げたが、問題は国民の間の格差が広がり、多くの国民の生活が苦しくなっていったことである。最近の二〇年間に、実質平均賃金は停滞し、購買力は下がっている。一九八三年の物価水準を基準にした計算では、一九八三年の物価指数が二〇〇六年には、三・〇三倍になっているが、工業部門とサービス部門の最低賃金と農業部門の最低賃金の指数はそれぞれ二・四倍、二・七倍にしかなっていない。つまり、賃金の実質水準は一九八三年に比べると、二〇〇六年にはおよそ一五％以上も下がった。また、一九八七年以降、物価は上昇しており、一キログラムのパンの物価指数は三・八倍になったが、それに対して、同じ時期に工業とサービス部門の（四〇時間労働での）最低賃金は二・六倍しか上がっていない[15]。

失業率は、一九九七年に過去最高を記録し、公式発表でも一六・八％となった。その後少しずつ減り続け、一四・一％となったが、その後上昇し、二〇〇九年には一四・七％となった。とくに大学卒業者を含む高学歴の失業者が増加している。

約一四から一七％ほどの間で、失業率が「安定」し、それ以上に増えなかったのは、政府が雇用支援計画を実施したためである。その支援の受給者数は二〇〇七年で、二〇万人以上であり、この人数は五・六％分の「失業を隠す」ことになった。そのために、総額二億五二〇〇万ディナールの国庫特別資金、つまり国家の全財政収入の二・八％、取引と賃金に対する直接税収の一七・一％に相当する資金が費やされた。また、国家雇用基金だけで二〇〇〇年から二〇〇七年までの間、職を求める七七万人を支援している[16]。

国としては経済成長を続けていても、国民の生活水準が下落していることは、国連の人間開発指数にも表れており、一九八三年に七八位だったチュニジアの順位は、一五年後の二〇〇七年には九七位に下落している。

国民の生活水準下落とは対照的に、ベン・アリ大統領とその一族は、チュニジアの主要産業を支配し膨大な富を蓄積していった。

次頁の表は、大統領と大統領夫人に近い親族が支配していた主要な企業や分野の一部である。このような婚姻を通じた、いわばマフィア的なやり方は、チュニジア全体の政治経済機能を麻痺させるに至った。世界銀行の統計によれば、一九九〇年～一九九九年の平均では五・一％、二〇〇〇年～二〇〇九年の平均では四・七％のGDP成長率を達成しており、経済成長の数字だけをみれば、チュニジアは中東・北アフリカ諸国のなかでは優等生であった。しかしその恩恵の配分が、あまりに不公平で、国民の多くの生活は悪化していった。そして大統領とその一族に対する反感が、チュニジア国民の多くを連帯させたのである。

3　革命後のチュニジア

二〇一〇年一二月一七日のブアズィズィ青年の焼身自殺から二八日後、二〇一一年一月一四日のベン・アリ大統領亡命に続いて、非常事態が宣言され、暫定政府が設置された。暫定大統領には、国会議長のフアド・メバッザが就任した。暫定政府の内閣には、野党からも閣僚入りしたものの、

氏名	大統領との関係	支配下にあった主要な分野・企業
ナスリーン・ベン・アリ	娘（母：ライラ大統領夫人）	・ザイトゥーナ銀行 ・アッティジャーリ銀行 ・エンナクル自動車（フォルクスワーゲン、アウディ、ポルシェなどの自動車輸入代理店） ・ザイトゥーナFMラジオ ・「ダール・アッサバーハ」グループ（フランス語紙の「ル・タン」とアラビア語紙の「アッサバーハ」を発行）など
ドルサフ・ベン・アリ	娘（母：ベン・アリ前妻）	・医薬品、不動産、流通分野など
シリーン・ベン・アリ	娘（母：ベン・アリ前妻）	・ル・モター社（メルセデス・ベンツの代理店） ・チュニジアアラブ国際銀行 ・シャムスFMラジオ ・ジェアン（スーパーマーケットチェーン） ・モノプリ（スーパーマーケットチェーン） ・インターネット分野　など

ベン・アリ大統領の親族が支配していた主要な企業・分野

ガズア・ベン・アリ	娘（母：ベン・アリ前妻）	・メディオバンカ ・チュニス空港のサービス部門など
ベルハッセン・トラベルシ	大統領夫人兄弟	・チュニジア中央銀行 ・ハムサホテル ・アルディナホテル ・カルタゴ航空 ・モザイクＦＭラジオ ・カルタゴテレビ ・カルタゴセメント ・ビゼルト製糖　など
ムラド・トラベルシ	大統領夫人兄弟	・マグロ輸出の分野の独占など
イマド・トラベルシ	大統領夫人甥	・ブリコラマ（マグレブ一帯に展開するチェーン店で、日曜大工用品を中心に扱うが、専門の建設業者も利用できるかなり本格的な建設資材や部品も扱う）など。

立憲民主連合の有力党員を主要な閣僚ポストに据えたものであった。暫定政府は、当初、六〇日以内の選挙実施を約束した。

しかし、暫定政府に閣僚入りした五名の野党出身者は、即時に辞職した。そのうえ、ベン・アリ政権時代の与党である立憲民主連合の有力党員が主要ポストを占め、何よりもベン・アリ大統領を支えてきたムハンマド・ガンヌーシ首相がそのまま残っている暫定政府に対して、市民の抗議はおさまらなかった。人々は立憲民主連合党員を排除した新政府の樹立と立憲民主連合の解党を求めて、首都チュニスやその他の都市で抗議デモを続けた。

一月二七日に、ムハンマド・ガンヌーシ首相は、内閣を再編し、自分を除く立憲民主連合党員全員を閣僚メンバーから外した。二月六日には、新たに任命された内務大臣によって、「治安上の理由」により、立憲民主連合のすべての活動が停止された。（三月九日、立憲民主連合は解党した。）

しかし、ガンヌーシ首相が残る暫定政府に市民は納得せず、その後も抗議デモは続いた。そして二月二七日には、ガンヌーシ首相は辞任に追い込まれた。代わって、ベジ・カーイド・エル・セブシ氏が首相となったが、その後も閣僚二名が辞任している。

三月三日に、セブシ首相は七月二四日に立憲議会選挙を実施することを発表したが、五月に入って、革命目的・民主化移行実現高等委員会に属する独立選挙管理委員会は、「透明な選挙を実施するために時間が足りない」ことを理由として延期を決め、一〇月一六日への延期が発表された。

二〇一一年九月現在のチュニジアには、メバッザ暫定大統領、セブシ首相を首班とする暫定政府があり、革命目的・民主化移行実現高等委員会が、制憲議会の選挙を含む、民主化移行に関する諸問題について責任を持っている。選挙日程の延期についても、暫定政府は当初は延期に反対であったが、革命目的・民主化移行実現高等委員会が延期を決定したことを受けて、選挙日程の変更に関する法律を公布した。

七月から一〇月への選挙日程の延期は、より多くの政党結成に時間を与える結果となった。

この革命では、ベン・アリ大統領とその一族への反感が最大の原因であり、明確な指導者やイデオロギーが不在であった。

チュニジアの人々が懸念することは、革命の成果を、新たな衣に着替えた旧与党立憲民主連合の党員や亡命から帰国したイスラーム主義者らがさらっていくのではないかということである。

ベン・アリの亡命後、チュニジアの暫定政府は三月、すぐに新たな大統領選挙をするのではなく、まず制憲議会選挙を実施し、憲法改正という手段を通して、チュニジアの民主化を進めることとした。

このような手順は、革命目的・民主化移行実現高等委員会のイニシアティブによるものである。この委員会を構成するのは、政党、市民団体、影響力を持った個人である。この委員会はチュニジアでの政治改革の主要な担い手となっている。

高等委員会は、ブルギバやベン・アリの再来を避けるため、つまり、選挙が非民主的な独裁を正当化する手段となることの繰り返しを避けるために、まず憲法改革を実施しようとしているわけである。

一〇月に延期された革命後最初の選挙は、大きな賭けである。多くのチュニジア人は、一〇月の選挙が、新大統領を選ぶ選挙で期待通りの結果をもたらす準備であると考えている。

多くの世俗的なチュニジア人は、イスラーム運動を母体とするナフダ党やその同調者らが存在感を増せば、イスラーム主義的傾向が憲法改正に反映されて、イスラーム主義者らが個人の自由を束縛することを容易にするのではないかと懸念した。ナフダ党の指導者らは、議会を支配しようとは考えておらず、民主主義、個人の自由、そして女性の権利を支持すると強調している。しかし、法律的な防衛策が不在である現状では、多くの世俗主義者たちは、ナフダ党の発する言葉をそのままの形で受け取ってはいないのである。

逆に社会的に保守的であるけれども、大半がイスラーム主義者ではない多くのチュニジア人も、個人の自由についての懸念を表明している。彼らは、議会で世俗的で左派の政治家が支配的になれば、私的な生活の中で信仰を実践する権利に制限がかけられるのではないかと恐れている。

革命後のチュニジアでは、多くの政党が誕生している。多党乱立の現状ではいずれの党も多数を取ることは難しい。したがって、一〇月の選挙に向けて、連立の形成について強いインセンティブが働いていて、現在のところ大まかに三つの陣営が形成されている。

まず、左派の複数の政党によって五月三一日に結成された「民主近代軸」である[17]。今後、民主近代軸は、さらに多くの政党が参加して、拡大する可能性がある。二つ目はイスラーム主義のナフダ党、そして三つ目は中道左派の進歩主義民主党である。進歩主義民主党はもともと「進歩社会主義連合」の名称で、ブルギバ時代の一九八三年に設立され、ベン・アリ政権誕生直後の一九八八年に認可を受けた政党である。現在の党首は、マヤ・ジリビは、チュニジアで初めての女性党首であり、社会主義を標榜する政党である。

これら三つの陣営のうち、ナフダ党と進歩主義民主党の両党は、革命前の体制下で、長い間、反体制派であった。また両党とも影響力のある党首・幹部を有しており、国中に支持基盤を広げるよう他の野党に比べて努力してきたといえる。しかし、両党とも単独で議会の多数を占めることは難しいと思われる。結果として、連立に向けた戦いは続くことになる。

今日の政党のなかには、一〇月の選挙が終われば、解散したり、他のより大きな政党に吸収される政党が多く出るだろうと思われる。またナフダも競争のなかで変化していくことが考えられる。しかしいずれにしても、初めて民主的な政府を選んだチュニジア国民の選択を維持し、民主化を進めていくにあたって、このような一時的な政治的な混乱は、避けて通ることのできない移行プロセスであろう。また、一〇月二三日の選挙結果そのものも重要であるが、それよりもむしろ、初めての民主的選挙の実施に向けた現在のプロセスを遂行する過程こそが、チュニジアの将来にとってより重要であろう。

革命の経済への影響については、革命発生の大きな原因の一つは失業率の悪化であったが、チュニジアの主要産業の一つである観光業は、二〇〇八年のリーマンショック以降、すでに収入が落ち、外資による投資も伸び悩んでいた。今回の革命によって、観光業はさらに悪化しており、これはしばらく続くことが予想される。また外資による投資も同様である。つまり、一時的にせよ、経済の停滞によって失業率がさらに悪化する可能性がある。

ジャスミン革命によって、チュニジアの民主化は劇的に進展した。しかし、政治・経済・社会のいずれの側面においても同時に新規まき直しを迫られている。国民の生活向上という最重要課題に取り組むためには、一〇月二三日の選挙に向けたプロセスが順調に進められ、選挙後に民主化に逆行することのない政権運営が求められるだろう。

4 むすびにかえて――他のマグレブ諸国との比較――

ブルギバ、ベン・アリいずれの大統領も、社会改革、とくに女性の権利拡大に力を入れた。一九五六年の個人の地位法典に続いて、一九五七年の投票権授与法が成立し、一九六四年に家族計画が確立され、二〇〇〇年から二〇〇五年までの出生率は一人当たり二・〇一人で、中東・アフリカ地域では最低となっている。

ブルギバ政権の推し進めた女性の待遇改善に関する諸政策によって、女児の就学率は上昇し、チュニジアは中東諸国の中でも有数の識字率が高い国となった。それに伴い、女性の高等教育への進学率が上昇し、職場への進出も進んだ。

政治の場でも、国民議会の女性議員の比率は十％を超えている。また、二〇〇三年には立憲民主連合の最高議決決定機関である政治局に、ナジア・ベン・ヤデル婦人家族担当相に加え、アリファ・ファルークが行政監察担当委員として加わり、立憲民主連合政治局員一六名のうち二名が女性となった。全国の立憲民主連合支部の役員のうち、半数をはるかに上回る六七％を女性が占める（一九九三年時点）[18]など、とくに女性の地位向上については一定の成果をあげたといえる。

しかし若者の失業率の高止まりと、ベン・アリ大統領一族を中心とした一部の人々への富の偏在は、大きな不公平感を生み、独裁を維持するための厳しい言論統制と人権抑圧に国民の不満は鬱積していった。シディ・ブジードでのムハンマド青年の事件を、インターネットを通じて人々が目にしたとき、鬱積した不満が限界を超えた。厳しい取り締まりに対する恐怖を乗り越えさせ、今回の革命につながったのである。

最後に、マグレブ三国の中のチュニジア以外の二国アルジェリアとモロッコについて、簡単にみておきたい。

(1) アルジェリア

一連の「アラブの春」の動きはアルジェリアにも影響を及ぼし、二〇一一年二月一二日に、首都アルジェで「昨日はエジプト、今日はアルジェリア」というスローガンのもと、抗議デモが起こった。それに対して、アルジェリア政府は、カイロでの抗議運動の最後の五日間にムバーラク政権がとったやり方をまねるかのように、武装した警官や政府支持派が、民主化を求める反政府派を挑発して、暴力的な衝突に発展した。

アルジェリアでこのような光景が見られたのは、今回が初めてではない。一九八八年一〇月、学生や労働者らが生活水準の悪化などに抗議してデモを行った。デモは、政府や与党の民族解放戦線の建物を破壊するなど、暴動に発展した。政府は暴動鎮圧に治安部隊を投入して、死者は五〇〇名を超え、約三五〇〇名が投獄された。このような政府の強圧的な措置に対して、弁護士やジャーナリスト、医者といった知識人たち、そしてイスラーム運動に至る幅広い層の人々が反政府派として結集した。

このような状況に対処するために、当時のシャドリ・ベンジャディード大統領は諸改革を打ち出した。その一環として一九八九年二月に国民投票を経て、発布された改正憲法では、表現や結社の自由が保障され、軍の役割も国防に限定され、その政治的重要性が縮小された。

しかし、一九九〇年に、イスラーム主義政党であるイスラーム救国戦線が地方選挙で、続いて翌年に実施された国民議会選挙で勝利した。国民議会選挙では、二三二議席のうち、一八八議席を獲得しての圧勝であった。

この選挙結果を受けて、事態は一変することとなった。軍が介入し、ベンジャディード大統領を退任させ、政府の実権を握った。以降、アルジェリアは内戦に突入し、死者は二〇万人ともいわれる。

アラビア語で「自由なチュニジア」の人文字

二〇〇六年にアブドゥルアズィーズ・ブーテフリカ大統領は、大統領令を発令し、内戦について公の場で議論することを禁止し、国の治安部隊と民兵らのいずれもが起こした人権侵害について、訴追を不可能にした。内戦では死者だけでなく、多くの「行方不明者」も発生した。連れ去られたと思われる家族の解放や消息を政府に求める家族が今もおり、市民と政府、とくに軍との間で現在も「戦い」は進行中である。

また一世紀以上に及ぶフランスの植民地支配から独立した後、急速なアラビア語化を進めたアルジェリアでは、アマジグ（ベルベル）の言語や文化は抑圧を受けてきた経緯がある。二〇〇一年には、アマジグが居住するカビール地方でのアマジグの活動家たちの抗議運動を、政府が武力鎮圧し、九〇名が死亡する「暗黒の春事件」が起こっている。

チュニジアやエジプトに続いて発生した市民の抗議運動は、アルジェリア政府が非常事態を維持する理由として挙げたイスラーム運動などによるものではない。アマジグの少数派による異議申し立てでもなく、イスラーム運動による政府に対する批判でもない。アラブ、アマジグ、世俗的知識人、イスラーム運動などを含む形での、新たな反対派が形成されつつあるといえる。

アラブ世界での政治変動を受け、アルジェリアでは、二〇一一年三月に、一九年間続いた非常事態が解除された。また、二〇〇九年四月の大統領選挙で三選を果たしたブーテフリカ大統領は、五年の任期終了を待たずに辞任し大統領選挙を行う可能性もあるが、少なくともしばらくは政権の座に残ると考えられる。

チュニジアやモロッコと異なり、長い独立戦争を経て独立を勝ち取ったアルジェリアの場合、独立運動を率いた民族解放戦線と軍の間には、強い関係があった。さらに一九九〇年代の内戦によって、軍の政治への影響力は強大である。チュニジアやエジプトの場合は、市民に銃を向けたのは警察であり、軍はいずれも中立を守り、短期間での政権打倒につながった。しかし政治や経済に軍が強い影響力をもつアルジェリアの場合、軍は政府や与党と緊密な関係にあり、中立を保つことは期待できない。つまり、政権打倒を目指す大規模な抗議デモが全国的に発生した場合でも、チュニジアやエジプトのように市民の勝利に終わるのではなく、リビアのように凄惨な流血の事態となってしまう可能性が高いと考えられる。

(2) モロッコ

一方、チュニジアと同じく、一九五六年にフランスから独立したモロッコでは、散発的に抗議デモが起こっているが、チュニジアやエジプトのようなシナリオが展開することは予想しがたい。その理由は、モロッコは、約一〇年前から民主化改革を徐々にすすめてきたことにある。

モロッコは、湾岸諸国のようには石油や天然ガスには恵まれておらず、主要な天然資源はリン鉱石で、産業としては農業・漁業が主要なものである。モロッコは世銀の分類では、低中所得国に分類されている。国民一人当たりの国民総所得は二五二〇ドル（二〇〇八年世銀）で、チュニジアを下回る。一九七〇年代には、二度のオイルショックで石油の価格が上昇し、モロッコの経済は大きな打撃を受けた。さらに、一九八一年には、記録的な旱魃によって、農業生産は大きく落ち込んだ。同年、パンなどの基本的な生活物資の価格高騰への抗議から、暴動がカサブランカで発生し、鎮圧しようとする治安部隊との間で、流血の事態となった。

政治的な側面については、現在の国王の父、ハサン二世の時代には、強権的な政治が推し進められ、深刻な人権侵害も見られた。

モロッコでは、一九五六年に独立し、憲法は一九六二年に定められた。ハサン二世の時代、憲法改定が四度（一九七〇年、一九七二年、一九九二年、一九九六年）行われ、初め二回の改定は、国王権力を強化するものであった。

一九六二年憲法では、国王の手にあらゆる権力が集中していた。憲法の条文を見ると、モロッコは民主社会的王制（第一条）であり、憲法にかなった方法で設立された機関を通して行使される主権を有するのは国民である（第二条）と明記されている。しかし、閣僚の人事権を有するのは国王（第二四条）であった。

また、国王は緊急事態の際、介入する権利が国王に保障されていた（第三五条）。どのような状況が「非常事態」であるのか、いつまでが「非常事態」なのかを判断するのは国王であり、「憲法体制を正常に再び機能させるために（第三五条）」国王は、事実上無期限に無制限の権力を発動することが可能であった。実際一九六五年、ハサン二世は議会を停止している。さらに国王による新法の発布前には、議会の承認か国民投票による承認が必要とされ、立法権は憲法上は議会に属していた。しかし実際には、国王が「助言」を行うことがたびたびで、国王は立法権に関しても大きな影響力を有していた。

一九七〇年の憲法改正では、国王権力はさらに強化された。首相の行政権は例外的な場合に制限され、しかも国王のイニシアティブによるものとされた。この憲法改正について、野党は受け入れを拒否し、翌一九七一年には軍の高官によるクーデター未遂が発生した。

一九七二年に改正された憲法では、行政権は国王と政府に与えられていたが、国王は立法案や政府計画について「新しい解釈」を要求することが可能であり（第六六条）、この国王の要求を政府が拒否することは認められていなかった（第六七条）。首相を含む閣僚全員の人事権を国王が握っていることからも、議会が国王にコントロールされる機関であったことは明白である。さらに内閣不信任案の提出に必要な議員数は、一九六二年憲法では総議員の一〇分の一であったのが一九七二年憲法では四分の一に引き上げられた（第七五条）。この改正で、政党が政府の政策に対して不信任案を提出することはほぼ不可能となった。

一九七一年と七二年に相次いで発生したクーデターは、いずれも未遂に終わったものの、一九七〇年、一九七二年の憲法改定への不信を象徴する事件であった。

一九七〇年代のモロッコは、二度のクーデター未遂を経験し、隣国アルジェリアとの関係も西サハラ問題をめぐって緊迫化した。一九七五年には、大衆諸勢力社会主義連合の指導者の一人で、モロッコ全国学生連合、モロッコ労働組合の指導的立場にもあったオマル・ベンジャルーンが暗殺されるなど、国内外の政治・社会状況は不安定なものとなった。

このような状況の中で、一九七二年の憲法改定後の一九七二年四月三〇日に予定されていた議会選挙は延期され、結局実施されたのは一九七七年六月三日で、一九七一年末に停止された議会は、一九七七年一〇月に再開されるまで空白の期間が続いた[19]。

七〇年代の政治不安と八〇年代の経済状況の悪化で、モロッコ国民の間の不満が高まり、それを抑えるために強権的な政治が支配的となっていったのである。

このような状況が変化するのは、一九九〇年代後半になってからである。ハサン二世時代の末期、フランスに亡命していた左派のアブド・アッラフマーン・ユースフィの帰国を認めた。一九九七年、左派政党の大衆諸勢力社会主義連合が内閣を組閣し、ユースフィは首相となり、ハサン二世と握手をする写真がメディアにあふれた。大衆諸勢力社会主義連合政権は、国民が期待したほどには経済運営において効果をあげることはなかったが、政治的には抑圧の時代の終わりを象徴する意味を持っていた。

一九九九年には、現国王ムハンマド六世が即位した。即位の際のスピーチでは、「立憲君主制を堅持し、複数政党制、自由経済、地方分権化、法の支配、人権尊重、個人の自由を推進する」と明言した。また「父ハサン二世のすすめてきた教育改革計画と連動させて雇用問題の改善に尽くす」と、モロッコで最も深刻な社会問題の一つである失業問題にも言及した。

その後、相次いで諸改革が進められた。女性の地位を改善する家族法の改正が二〇〇四年に実施され、ハサン二世時代の人権抑圧を明らかにし、補償するための「公正と和解委員会」の設置が、二〇〇四年に設置された。このような委員会はアラブ世界では初である。委員会は、モロッコ王制が過去に人権侵害を行ったことを公式に認める声明を発表し、犠牲者に対しては補償を行った。二〇〇六年からは、「国家人間開発イニシアティブ」が開始された。このイニシアティブは、主に貧困撲滅を目的に、モロッコ全国の四〇三の村落（コミューン）と二六四の都市部の地区を対象としている。当初二〇〇六年から二〇一〇年までの五ヵ年を目途に開始されたが、現在も継続している。

前述のように、即位後、ムハンマド六世は、とくに社会経済開発と人権の分野での改革を進めてきた。これらは国民の支持を得ていると考えられる。しかし、二〇〇三年のカサブランカでのテロ事件発生以来、カウンター・テロリズムの分野では厳しい対応が見られる。したがって、それら両方を考慮すれば、改革の推進という点においては、なんとか及第点という印象である。

チュニジア、エジプトなどの「アラブの春」の動きを受け、二月二〇日と三月二〇日にデモが行われた。その間の三月九日に、国王は包括的改革として、選挙で選ばれた議会に対する国王自らの権限の縮小、権力分立の強化、個人の自由と人権の尊重、両性の法的な平等、地方分権、文化の多様性の尊重などを盛り込んだ憲法改定を呼びかけた。おもな改定点は次のとおりである。

- 現在、首相は国王の任命であるが、それを選挙結果に基づいて国会で選ぶようにする。つまり国王の役割を、アミール・アル・ムーミニーン（信徒の指揮者）、そして「調停者」としての役割に限定する。
- 司法に対する政治の介入をなくす。これまで公正と和解委員会を設置して人権擁護に取り組んできたがそれをさらに推し進め、「政治、経済、社会、文化、環境と発展、すべての側面において、人権システムを改革することで、個人や集団単位での自由の拡大や国家権の安定化をはかる」。
- これまで中央が任命していた地方の知事を地方議会が選び、地方行政の意思決定を各地域が行うようにする。
- アラビア語と並んでアマジグ語を公用語とする。

この憲法改定案について、二〇一一年七月一日に国民投票が実施された。国内での投票率は七三%、有効投票(在外投票分を含む)一〇〇六万三四二三票の九八・四六%を占める九九〇万九三五六票が賛成票であった[20]。

モロッコの場合、国王によるイニシアティブでさまざまな改革が進められており、チュニジアやエジプトのような大衆の力による改革要求から発した民主化ではない。三月二〇日には若者を中心とした運動、のちに「三月二〇日運動」と名づけられた運動が、デモを行い政権を批判した。三月二〇日の抗議運動は、首都ラバトのほかに、カサブランカやその他の都市で、三万五〇〇〇人が参加する規模となった。

しかし、抗議の内容は、政府に対する批判であり、王制批判の声は、一部の極左を除いて、ほとんど出ていない。四月末にも抗議デモがあったが、そこでの主張は、一部の政府高官が持つ実業界への強い影響力の排除、汚職撲滅、失業問題の改善、司法改革などであり、国王が三月九日にスピーチした内容が実現されるまで「戦う」という形での抗議運動であった。

一般国民や政党の多くは、国王の提案した憲法改革の方向性を支持し、歓迎している。ただし、昔の共産党系の人々の中には、国王の権限をより制限したものにして、国教としてのイスラームの記載を削除することを求めている人々もいるが、非常に少数派である。

モロッコの場合、一度デモがモロッコで起こったタイミングで、国王が憲法改革についてスピーチを行ったことで、その後の「抗議運動」にとって、いわば議論のたたき台・枠組みを提供する形となった。つまり、抗議運動の要求の限界を定めたことになったといえる。また、失業や汚職といった問題、社会の上の方の階層にいる人々の社会的流動性の低さといったモロッコの根本的な問題は、憲法改定だけでは解決することは難しく、それが憲法改定案発表後に起こったデモで、一部の政府高官の退任を要求する声につながったと考えられる。

モロッコの失業率はまだ高い。しかし、それがイスラーム運動の凝集力を高める方向には働いていない。「信徒の指揮者」という称号ももつモロッコ国王は、政治の長であると同時に宗教の長でもあり、宗教的な場においても国王が象徴的な役割を果たしており、イスラーム運動が大きな力を持つには至っていない。また、王制とはいえ、国王の従兄弟の王子の発言に対して新聞が批判記事を掲載するなど、王族に対してさえも、国王夫妻とその子供たちを除けば、メディアの批判の対象となりうる言論の自由がある。政府を批判する町の声やメディアの発言や記事は、日常的なものである。

経済的には高い失業率をはじめ、まだまだ解決すべき問題が山積しており、予断を許さない。モロッコの真の安定のためには、国民投票を経た憲法改定に次いで、民主的な手続きで選出された首相（とその政府）が、政治的手腕を発揮してそれらの問題に対処する必要がある。その対処の仕方によっては、モロッコが不安定化する可能性は残っている。しかし、かつてのような人権侵害は影をひそめ、諸改革が実施されている中、自国の将来についての希望を多くのモロッコ国民は共有している。そしてチュニジアやエジプトでは、そのような希望が潰えたときに、後戻りのできない形で大規模な抗議デモが発生したのである。チュニジアやエジプトと比較すれば、モロッコは、すでに一〇年前から諸改革に着手し、多党制のもとで、透明性の高い議会選挙・地方選挙の経験を有している。そのうえで、国王権力の制限を含む憲法改定案が、今年七月一日に国民投票で可決された。このような現状をみる限り、モロッコは民主化への歩みを順調に進めているといえよう。

《注》

[1] マチルドは、チュニジア独立後、チュニジア国籍を取得し、また宗教もイスラームに改宗、名前をムフィーダと改めた。彼女は、フランス人でありながら、フランスからの独立を目指すチュニジアのために尽力し、死後は、ブルギバ大統領と同じモナスティールのブルギバ廟に眠っている。

[2] C. A. Julien,（2002）pp. 77-78.

[3] Tahar Belkhodja（1998）p. 9.

[4] メスティリ派が、一九七八年六月に結成した政党。一〇月に禁止。

[5] 福富満久（二〇一一）「チュニジアの民主化の経緯」中東・イスラーム諸国の民主化HP。

[6] 一九九三年にEttajdid「革新」に名称変更。

[7] 一九九三年に自由社会党に党名変更。

[8] 福富、前掲HP。

［9］福富、前掲ＨＰ。

［10］福富、前掲ＨＰ。

［11］福富、前掲ＨＰ。

［12］Linda G. Jones (1988), pp. 20–21.

［13］渡辺司（二〇〇八）「第三章マグリブの歴史・独立以降のチュニジア」『マグリブへの招待―北アフリカの社会と文化』宮治一雄・宮治美江子編所収、一一四頁。

［14］福富、前掲ＨＰ。

［15］ファティ・シャムキ（二〇一一）「チュニジア革命」（湯浅順夫訳）『情況』二〇一一年四・五月号、一一八頁。

［16］ファティ・シャムキ（二〇一一）一一九頁。

［17］二〇一一年五月三一日付 Leaders 誌。

［18］福富、前掲ＨＰ。

［19］モロッコ憲法改正と民主化との関連については、中川（二〇一〇）及び（二〇一一）。

［20］http://www.marpresse.com/2011/07/conseil-constitutionnel-annonce-officielle-de-lapprobation-du-projet-de-constitution/（最終確認日：二〇一一年八月一日）

《参考文献》

・ファティ・シャムキ（二〇一一）「チュニジア革命」（湯浅順夫訳）『情況』二〇一一年四・五月号、一〇七―一二八頁、情況出版。

・中東・イスラーム諸国の民主化ＨＰ（http://www.l.u-tokyo.ac.jp/~dbmedm06/）
・中川恵（二〇一〇）「王制イスラーム国家モロッコが模索する民主化への道」『グローバル世紀への挑戦』片岡幸彦・幸泉哲紀・安藤次男編所収、四二‐五七頁、文理閣。
・中川恵（二〇一一）「モロッコの民主化の経緯」（中東・イスラム諸国の民主化ＨＰ所収）（http://www.l.u-tokyo.ac.jp/~dbmedm06/me_d13n/database/morocco/democratization.html）
・福富満久（二〇一一）「チュニジアの民主化の経緯」（中東・イスラム諸国の民主化ＨＰ所収）（http://www.l.u-tokyo.ac.jp/~dbmedm06/me d13n/database/tunisia/institution.html）。
・宮治一雄（一九七八）『アフリカ現代史Ｖ』山川出版社。
・渡辺司（二〇〇八）「第三章マグリブの歴史・独立以降のチュニジア」『マグリブへの招待―北アフリカの社会と文化』宮治一雄・宮治美江子編所収、一〇八‐一一八頁、大学図書出版。
・ITEAS-AAFDHS-JCMS 二〇一一年共同報告書『北アフリカ・サヘル地域の政治変容と安全保障』。
・Tahar Belkhodja（1998）*Les trois décennies Bourguiba*, Témoignage, éd. Publisud, Paris.
・Clement M. Henry & Robert Springborg（2001）, *Globalization and the Politics of Development in the Middle East*, Cambridge University Press.
・Linda G. Jones, " Portrait of Rashid Al-Ghannoushi " *Middle East Report*, No. 153, pp. 19-22（July-August 1988）.
・Charles André Julien（2002, 1952）*L' Afrique du Nord en marche*, omnibus, Paris.
・二〇一一年五月三一日付 Leaders 誌 " Lancement officiel du Pôle Démocratique Moderniste

(http://www.leaders.com.tn/article/lancement-officiel-du-pole-democratique-moderniste)（最終確認日：二〇一一年八月一日）

•Roger Owen（2000）*State, Power and Plitics in the Making of the Modern Middle East*, 2nd Edition, Loutledge, New York.

3章　エジプト一月二五日革命は何を目指すか

東京大学東洋文化研究所教授　長沢栄治

1　一月二五日革命は七月革命を超えられるか

（1）革命後の日々

二〇一一年一月一三日、チュニジアで起きた「ジャスミン革命」は、アラブ世界の変革を望む人々に勇気を与えた。エジプトの若者たちが、カイロの中心部タハリール広場で抗議運動を開始したのは、それからまもなく一月二五日である。この運動は急速に勢いを増し、一八日間の激動の日々を経て、ついに二月一一日、ムバーラク大統領を辞任に追い込んだ。若者たちが決起した日を記念して、この革命は「一月二五日革命」と呼ばれている。

それから半年を経た現在、いまだにエジプトでは革命は進行中である。大統領が辞任し、軍事最高評議会の支配の下で、移行政権ができ、改革を約束している。だが、依然として民衆の激しい抗議運動が断続的に続いている。とくに人々が求めているのは、前政権の責任者に対する徹底した処罰である。それは腐敗した与党幹部や閣僚、利権に群がった政商たち、そして抗議運動の若者を殺害した治安当局者に対してである。その民衆の攻撃の標的の中心に前大統領がいるのはいうまでもない。

旧政権の下ではびこっていた腐敗や汚職の追及は、すでに大統領が辞任を表明する前から始まっていた。与党の幹部や閣僚の一部に対する検察の捜査の開始や、彼らの海外渡航の禁止がなされた。

それは慌ててトカゲの尻尾切りをするような応急措置だったが、すでに手遅れだった[1]。

こうした旧政権の腐敗は、暴力的な抑圧の体制と結びついていた。革命の二ヵ月前（二〇一〇年一一―一二月）に実施された人民議会選挙では、野党候補への妨害や投票所での不正行為が公然となされた。この露骨な不正は、次の二〇一一年の秋に予定される大統領選挙でムバーラク大統領自身の六選、あるいは次男のガマール国民民主党政策局長に「世襲」をさせるためであった。今回の革命の直接的な背景は、この不正選挙である。

しかも、この腐敗した選挙の運営に当たった警察の元締め、内務省の高級官僚、彼ら自体が腐敗していた。若者たちが自らの犠牲を恐れずに革命運動に参加した背景には、こうした腐敗と抑圧が結びついた絶望的な状況があった。不正に対する若者たちの怒りに火をつけた事件が、革命の前年、二〇一〇年六月に起きたハーレド・サイード君の警察による虐殺だ。アレキサンドリアの警察によって、サイード君は麻薬所持の虚偽の嫌疑を受け、暴行を受けて虐殺された。このときハンサムな彼の生前の顔と、暴行後の変わり果てた顔がインターネット上に並んで掲載され、多くの人の憤激を買った。彼の虐殺を抗議する若者たちのフェイスブック「僕たちは皆、ハーレド・サイードだ」には六五万人が参加したとも言われ、一月二五日の革命へとつながった。サイード君の無実は、一年後の二〇一一年六月に監察医の再調査により、ようやく正式に証明された。サイード君の墓にそれを報告しにいった母親の姿も報道された。

チュニジアやシリアでも見られたことであるが、治安当局は抗議デモの鎮圧にスナイパーを使った。ビルの上などからの射殺は、人々に恐怖を植えつけるためだ。このようにして射殺された人々を含め、一八日間の革命期間中、エジプトでは八五〇人以上が犠牲になった。彼ら犠牲者の命に報いるために革命を最後までやり抜こうというのが、若者たちの合言葉となっている。

犠牲者の葬儀や追悼集会は、革命の力を持続させるイベントとしての役割を果たしている。たとえば、六月に行われたある合同葬儀は多くの人を集めたが、一九名の犠牲者のうち一五名の遺体は依然、身元不明であったというような状況がある。同じ月には革命の最後の犠牲者が五ヵ月の救命措置も空しく死亡した。亡くなったのは、革命中の一月二八日に外交官ナンバーの自動車の暴走で大怪我を負った青年、マフムード・ハーレド・クトブ君である。

このような遺族たちから復讐の声の高まりを受けて、政府は真相の究明をあらためて約束し、内務省高級幹部（将軍級五〇五名、准将級八二名、うち二七人が虐殺に関与）の更迭を発表した（七月一二日）。また、これまでの警察国家体制を改めるとして、秘密警察の機関の一つである「国家治安捜査局」が「国民治安捜査局」へと改称され、改革が約束された（三月一五日）。盗聴を廃止し、警察官を駐留させた大学の監視もなくなるという。これまでの状況（たとえば、秘密警察のスパイだらけの大学キャンパス）を考えると信じられない変化だが、はたしてどうであろう。

警察国家の解体は、革命運動の重要な要求項目であるが、それは国家体制全体の根本的な変革と結びついていなければ、また元に戻ってしまうに違いない。革命に参加した若者たちは、そうした事態の後退、反動を何よりも恐れている。反動を防ぐためには、根本的な改革が必要だと考え、抗

ムバーラク大統領辞任後はじめての金曜日（2011年2月18日）、タハリール広場で勝利を祝う群衆（竹村和朗撮影）

議運動と政府批判を繰り返している。とくに力を入れている主張は、秋に予定される議会選挙で旧勢力が居残るのを防ぐために、まず選挙の前に新しい憲法を作るべきだというものである。

このように革命の熱が冷めやらぬ状況が続く一方で、革命と反革命のせめぎあいというべき事態も何回か起きた。革命の最中には、二月二日に大統領支持派がラクダや馬を使って革命の広場の民衆に攻撃をしかけた「ラクダの戦い」の騒動があった。反革命勢力の醜くも滑稽な姿を示し、多くの人の失笑を買った事件である。その後も、旧政権支持派は一部で集会を開き、その勢力を誇示している。とくに革命の前途を危うくさせているのが、宗派間の対立である。エジプトには少数派のコプト派キリスト教徒がいるが、サラフィー主義者を名乗るイスラーム主義者の勢力の攻撃にさらされている。この宗派対立の前兆として、今回の革命が始まる数週間前、二〇一一年一月の初めにアレキサンドリアの教会で自爆テロ事件が起きていた。

ただし、今回の革命運動は、イスラーム的なスローガンを控えるとともに、ムスリムとコプトの連帯を強調し、宗派を超えた国民の団結を訴えていた。革命運動は、毎週金曜日の大集会で力を維持してきたが、宗派対立の事件の後には、「国民統合の金曜日」と名づけられた集会が開かれた(三月一一日)。革命の精神をあらためて確認しようという努力である。しかし、今後の政治勢力の再編や憲法改正など政治体制の変化が予想される中、キリスト教徒の権利がどのように保障されていくのか。宗派対立の火種はくすぶり、革命の進行を妨げる可能性は少なくない。

(2) 革命が目指すもの

現在進行中のエジプトの革命は、何を目指しているのだろう。人々が求める変革の方向性を一まとめにするのは難しい。たとえば革命の最中、そして大統領の辞意発表後に、各種多様な要求や不満が噴出した。さまざまな政治的要求、経済的不満、社会の根本改革を求める声、これらは決して一つにまとめられるものではない。相互に対立し、矛盾していることも多く、おそらくすべての要求が実現するのは不可能だろう。

ただ、これらのさまざまな要求や不満は、革命の背景を考える材料にはなる。革命の最中、ナイル・デルタの繊維工場の労働者による大規模なデモを初めとして、各省の公務員、救急隊員、大学職員、警察職員などがデモやストを行った。彼らの要求は、賃上げや正規雇用への移行、社会保険の適用などである。これらのデモやストに対しては、革命による混乱で影響を受けた国民経済の回復を妨げるものであるとして、軍事最高評議会からスト禁止令が出た。これに対し、労働者や公務員の人たちはおとなしく従い、さしたる混乱も起きなかったようである。もちろんそれが強制力をもつ軍の命令だったからだろう。しかし彼らは、革命の今後の展開に期待しているからではないか。したがって、期待が裏切られたときには、また激しい運動が再発する可能性は充分にある。

さて、革命の背景を考えるとき、たとえば彼らの要求の一つに非正規雇用の問題があったことには注目しておきたい。非正規雇用の増大は、この数年、政府が実施してきた新自由主義の経済政策の結果だ。この政策が与えた影響については、現在、世界中で問題になっている。もちろん派遣や契約労働が増えた日本も例外ではない。ただし、エジプトのような途上国では、事態はより深刻である。デモの報道で見た一例だが、ワーキングプアの代表ともいえるエジプトの公務員の給与は、地方大学の場合、正規職員でも初任給が月給五〇エジプトポンド（現在の為替レートで六五〇円）、一四年勤続で三四〇エジプトポンド（四四二〇円）にしかならないという。七月初めにタハリール広場で行われた抗議運動では、最低賃金一二〇〇エジプトポンド（一万五六〇〇円）が要求項目の一つに掲げられている。この辺りが要求の最低ラインであろうか。

さて、革命のデモでは「民衆は餓えている」とか、「パンがない」といった言葉がよく叫ばれた。もちろん実際にエジプトで食糧が不足していて、国民が飢餓に苦しんでいるわけではない。この国は、パンの原料である小麦を国内消費の七〇％も輸入し、それはそれで大変な問題だ。ただし、「民衆にパンがない」という決まり文句が意味するところは、パンの価格に象徴される物価高であり、失業などの生活苦である。とはいえ、こうした民衆の要求にストレートに応えていけば財政はどうなるのか。賃金や年金の支給額を引き上げ、補助金制度を維持して基礎食糧品の価格を抑えるという政策を取ることが、エジプトの経済問題の解決につながるのか。経済政策の選択は、革命の将来と大きく関係している。

一方、革命運動の中、こうした庶民の要求とは異なる声が、エジプトのビジネス界からは上がっていた。それは「若者の革命は経済の革命を導くだろう」という意見である。これまでの腐敗した政権の経済政策は、自由化といいながら一部の特権層にしかその恩恵を与えなかった。腐敗が一掃され、合理的な政策が取られれば、国の内外から投資は増え、エジプト経済は発展軌道に乗るだろうという期待である。こうした革命を支持するビジネスマンは、よりいっそうの経済の自由化、ただし機会均等で公正な形をとった自由化を求めている。

賃金や雇用の保障を求める労働者と、さらなる経済の自由化を求めるビジネス界との利害を調整するのは、革命後の政権にとって容易いことではない。ただ、両者に共通しているのは、こうした経済的要求が、社会的公正の問題と結びついている点である。さらに政権腐敗の問題が、国民の自由や尊厳の回復という要求と連関している点にも注目したい。政治的な自由、人間としての尊厳、あるいは民族の尊厳の回復は、腐敗と抑圧で特徴づけられる旧体制への批判と結びついているのである。この点でさらなる革命の継続を求める若者たちが叫んでいるスローガン「パン、自由、尊厳、社会的公正」は、革命に何が期待されているか、要点をよくつかんでいる。

今回のエジプト革命は、「スローガンの革命」ともいえる運動だ。人々は、広場であるいは通りで、数々のスローガンを叫んだ。これら民衆の要求や感情を率直に示したスローガンの言葉そのものが、革命の原動力となった。その中でもっとも有名なスローガンが「民衆は体制の打倒を望む（シャアブ・ユリード・エスカート・ニザーム）」である。

この言葉は、チュニジアの「ジャスミン革命」で叫ばれ、エジプトをはじめ、アラブ各国の運動に伝わった。では、エジプトの場合、人々が打倒したいと考えた「体制（ニザーム）」とは、いったい何を示すのだろう。彼らが求めたのは、大統領の辞任だけではない。さらにいえば、たんにムバーラク体制の打倒だけに留まらないのではないか。たしかに彼らが要求に掲げたのは、上記に挙げたような旧体制の腐敗の一掃、政治的抑圧の撤廃、公正と自由の回復といった項目である。しかし、革命の後退、あるいは反革命の勢力拡大を危惧する若者たちが目指すのは、もっと根本的な変革である。

（3）七月革命体制の変革

それではムバーラク体制の打倒だけにとどまらない、さらなる根本的な変革とは何を意味しているのか。この点で明確な主張をしているのが、大統領候補の一人、ムハンマド・エルバラダイ前国際原子力機関事務局長（ノーベル平和賞受賞者）である。数年前から彼は、選挙キャンペーンの中で、七月革命の体制を否定する発言を行ってきた。タハリール広場の若者の一部が彼を支持しているのも偶然ではない。

ここでいう七月革命体制とは、六〇年前にナセル大統領が作った体制である。七月革命とは、一九五二年七月二三日の自由将校団のクーデタに始まる一連の政治経済変革を指す。ナセルを指導者とする新しい軍人エリートは、腐敗した旧王制と議会政治を否定した。そして強権的な国家体制を作り上げ、その下で斬新な開発政策を打ち出した。この体制を支えるために、人々をまとめあげ、動員するのに使ったのが、アラブ民族主義やアラブ社会主義というイデオロギーである。

しかし、イスラエルとの戦争（一九六七年第三次中東戦争）に敗北して、アラブ民族主義の旗印はすっかり色あせてしまった。同時期にアラブ社会主義による経済開発の行き詰まりもすでに明らかになった。失意の下、この世を去ったナセル大統領の後を継いだサダトは、七月革命体制の存続の危機に直面した。サダト大統領は、第四次中東戦争（一九七三年）での「勝利」を自らの政権の正当性の根拠に使いながら、七月革命体制の修正を試みた。「門戸開放」と呼ばれる経済自由化や、複数政党制の導入である。派手な政治ポーズで知られる彼の政策転換に多くの人が惑わされたわけでもないだろうが、しかしこれらは根本的な改革とはいえなかった。

門戸開放政策でエジプト経済が社会主義から資本主義へと完全に転換したわけではなかった。ナセル時代の大衆動員組織、アラブ社会主義連合を分割して生まれた政党による議会政治は、まったくのまやかしだった。それはサダト政権の政策をそのまま引き継ぎ、ほとんど改革らしい政策を何も打ち出さなかったムバーラク政権でもほとんど変化はなかった。いわばサダト＝ムバーラク政権というポスト・ナセルの時代は、七月革命体制の変革が先延ばしにされた「長すぎる移行期」であった[2]。

はたして今回の一月二五日革命は、七月革命体制を根本的に変革することができるか。別の表現をするなら、一月二五日革命は七月革命を超えられるか。これがこの革命の今後を考えるときの基本的な設問の一つである。

若者たちの運動は、一九五二年のナセルら自由将校団が起こした七月革命を超えられるだろうか。政治システムでいえば、「エジプト第二共和制」ともいえるような新体制の建設に結実するであろうか。さらには、そういった現存の七月革命体制の転換というレベルにとどまらず、エジプトが近代以降の歴史の中で経験したことのない、まったく新しい時代を開く画期となるだろうか。

もちろん、革命後の事態は流動的であり、これらの問いに対して現段階では充分に答えることは難しい。以下では、政治と経済の両面から議論を整理して、今後の展開を考える場合の参考となる見方と、いくつかの基本的な事実を提供してみたい。政治と経済という二つの変革の側面が互いに結びついているのは、すでに述べてきたとおりである。

2 政治改革の課題

（1）ニザームは打倒されたか

「民衆は体制（ニザーム）の打倒を望む」。人々が革命の広場でスローガンを叫んで、打倒を望んだ「体制」（ニザーム）とは何であろうか。一月二五日に始まった抗議運動によって、たしかに既存の政治体制は大きく揺らぎ、その一部は崩れはじめているように見える。二月一一日の大統領の辞任とともに、側近の権力エリートたちは、次々に不正や腐敗の容疑で逮捕された（一部は国外逃亡）。彼らは、デモ隊参加者の殺害や腐敗の容疑で裁判を待っている。そして八月、腐敗や不正の大元締めとされる、前大統領自身の裁判がついに始まった。

政権の移行を管理する軍事最高評議会の支配の下、内閣は総辞職、議会（シューラー議会と人民議会の両院）も解散させられた。政権与党であった国民民主党は、党内序列が第二位の大統領の次男ガマール政策局長を含め、革命の最中に幹部がすべて更迭された。しかも、混乱の中、本部の建物は放火され、地方支部も次々にデモ隊によって攻撃を受けた。その後大統領の辞任から二ヵ月が経った四月には、最高行政裁判所から解党命令が出された。サダト大統領によって一九七八年に創設されて以来、国会で圧倒的な議席数を占めてきた大政党があっけなく崩壊してしまったのである。

また、上述のように、ムバーラクの強権体制を支えた治安機構、警察国家の体制は一部で確かに見直しがなされている。また、政府所有の新聞社・雑誌の出版社などの編集長も次々に更迭され、メディアの自由化も進みつつあるかに見える。しかし、こうした変化は表面的なもので、ふたたび独裁や専制政治に戻る、たとえば「ムバーラクなきムバーラク体制」に変わっただけの結末になるのではないか。そのように危惧する声もある。根本的な改革とは何か。こうした問題を考えるためには、そもそもなぜこのような専制政治の体制ができ上がったのか、権威主義体制が形成された出発点に戻って考察する必要がある。

（2）七月革命の再検討

すでに述べたように、今回の革命に参加した人々の中には、明確に七月革命体制を否定する主張が見られる。すなわち、彼らは専制政治の起源を七月革命に求めているのである。だが一方で、権威主義体制の背景を、国内の政治だけでなく、当時の厳しい国際的な政治環境に求める考え方がある。この見方は、エジプトだけではなく、近隣のアラブ諸国についても適用できる。たしかに、英仏の植民地支配に対する長い解放闘争が終わったと思ったら、米ソの冷戦体制に組み込まれ、さらにイスラエルとの戦争に資源も人員も動員せざるをえない状況が長く続いた。こうした厳しい国際的な政治的緊張から、諜報機構こそが国家の基礎であるという考え方が生まれてきたのは当然かもしれない。エジプトの場合、ナセルは、かつての支配者のイギリスが作り、育て上げてきた諜報機関や治安組織を、革命後に拡大増強した。ただ、その目的は、たんに厳しい対外関係に対応するためだけではなかった。

たしかに、さまざまな外国からの脅威、あるいはアラブの解放の大義という宣伝が、専制政治の正当化に使われてきたのは事実である。しかし、ムバーラク体制にいたるまで続いてきたエジプトの専制政治は、基本的に国内の政治の動きの中から生まれてきたと考えるべきではないか。七月革命の過程そのものの中から専制が生まれてきた。つまり、この革命の目標を達成しようとした結果が、権威主義体制であったということである。

七月革命の過程は、今回の革命とよく似ている。民衆運動の高揚が作りだした革命的な状況を秩序化しようとして軍が介入した過程としては同じである[3]。ただし、今回の革命で軍事最高評議会が、政権移行の中立的な管理者として振る舞っているのとは違って、自由将校団は、七月革命そのものをリードした。ナセル中佐を指導者とする彼ら若手将校こそが革命の主役であり、その意味では七月革命もまた若者の革命であった。

それでは七月革命を通じて、ナセルたちは何を目指したのだろう。大きくまとめていえば、彼らには、政治と経済の互いに結びついた目標があった。政治的な課題は、正面の主要な目標として掲げられ、並行してこれと密接な関係をもつ経済改革が、第二の革命の課題だった。

政治的な目標は二つあった。第一がイギリスからの「完全な独立」であり、第二が機能不全に陥っていた王制下の議会政治システムの改革である。これに対し、いわば裏のテーマである社会経済的な改革とは、農村の貧困などの社会問題を解決し、工業化を通じた経済開発の仕組みを作り上げることだった。これは政治的な改革と結びついて実施する必要があった。後者の経済改革の課題は、

第四節で今回の革命の展望と比較しながら議論してみよう。

（3）民族主義と革命

第一の政治的な目標、完全な独立の達成は、その後、七月革命体制に最大の正当性の根拠を与えることになった。この目標を一貫して追求する中で、しだいに「アラブは一つ」というアラブ民族主義のイデオロギーの重要性が明らかになってきたからである。しかし、この目標の追求は、アラブの英雄、ナセルの栄光を支えるとともに、その挫折（一九六七年第三次中東戦争の敗北）の原因ともなった。

一八八二年にイギリスに占領される前のエジプトは、オスマン帝国の属州だった。このオスマン帝国とイギリスが第一次世界大戦で戦った。このときエジプトの民族主義者たちは、大戦が終われば独立が許されると期待した。しかし、イギリスの植民地支配は戦後も続き、これに抗議する大規模な民衆の蜂起が発生した。一九一九年革命である。この民衆蜂起は、近代のアジア・アフリカの反植民地運動の中で、大インド反乱（一八五七―五八年）にも匹敵する大反乱であった。イギリスは、民衆運動を武力で抑えつけながら、一九二二年に一方的にエジプトの独立を宣言する。このいわゆる「形式的な独立」の状態は、一九三六年の両国の同盟条約で改善される。しかし、その後一九四二年にイギリス軍が王宮を包囲するクーデタを起こすなど、依然として植民地支配の頸木からエジプトは抜け出せないでいた。

このような従属からの脱却、完全な独立を求めて、エジプト民族運動は、第二次世界大戦後、大きく高揚する。民衆の運動に押され、ついにエジプト政府は一九五一年に対英同盟条約を廃棄し、スエズ運河地帯では駐留するイギリス軍の撤退を求めて、ゲリラ闘争が激化していった。こうした闘争の頂点が、一月二五日のスエズ運河の都市イスマイリーヤの警官隊の殉職事件である。イギリス軍との交戦で多数の犠牲者が出た悲劇から、この日は「警察の日」という革命記念日になった。二〇一一年の革命において、警察の腐敗と不正に抗議して、この日に若者たちが抗議運動に決起したのは歴史の皮肉である。

一九五二年の一月二五日の事件は、翌二六日にカイロに飛び火して大暴動に発展する。カイロ放火事件、あるいは「黒い土曜日」という名で知られる反外国人暴動である。この民衆運動の激化がもたらした混乱によって、政府は統治能力を失い、革命的状況が醸成された。自由将校団は、この事態を収拾するためにクーデタを起こした。すでに述べたように、革命的状況への軍の介入という点で、今回の革命とプロセスはよく似ている。

ただし、「完全な独立」に向けて、ナセルがイギリスと駐留軍の撤退交渉を開始したのは、クーデタからようやく二年後の一九五四年のことであった。それまでは次に述べる国内の政治制度改革、そして敵対勢力との抗争に時間を費やしていた。まさにこの一九五四年は、ムスリム同胞団との対決という内政の最大の危機（三月危機）を迎えた年であった。しかし、この危機を乗り越えたナセルは、翌年のバンドンの第一回アジア・アフリカ会議で、華々しい外交デビューを果たし、それを追い風に国内体制を固めていく。彼はこの会議を通じて、民族解放運動、非同盟運動に深く共鳴した。それからのナセルは、アフリカ諸国の独立を積極的に支援するとともに、アラブの盟主の座を目指していくことになる。

このナセルの野心を叶えさせたのが、一九五六年のスエズ運河国有化宣言と、それに続く三ヵ国（英仏イスラエル）の侵攻（スエズ戦争）に対する外交的勝利である。このときナセルは、アラブ民族主義という思想的な武器を手に入れたといえる。そして、その政治的威力は抜群であった。たとえば「アラブの声」ラジオ放送を使って、イギリス植民地主義を非難し、バグダード条約機構に反対するキャンペーンは、一九五八年のイラク革命を誘発した。こうしてアラブ世界に共和制革命の嵐が巻き起こった。

ただし、シリアとの国家合同（アラブ連合共和国）の失敗に見られるように、アラブ統一は、果たせぬ夢に終わった。今から振り返れば、当時、猛威を振るったアラブ民族主義は、むしろ国内の政治体制の確立の方に大きな役割を果たしたといえる。つまり植民地主義が恣意的に作った人工的な国境線を消し去り、大アラブ連合共和国ができるということは到底ありえず、皮肉なことだがアラブ民族主義は、むしろ既存のアラブの諸国家の体制の強化に貢献した。各国の国民統合を進めるとともに、専制政治の正当化にも使われたのである。

その一例が、「アラブ統一はパレスチナの解放から」の掛け声の下、アラブ民族主義の「錦の御旗」として、アラブの独裁者によって恣意的に使われてきたパレスチナ問題である。反シオニズム、反植民地主義の闘争のためには、国内の自由な言論は犠牲にすべきという考えがアラブの共和制国家では当然のように横行した。それを象徴したのが、「闘争に勝る声なし」というスローガンであった。

上記で述べたように、厳しい国際関係は専制政治の一因ではあったが、むしろそれは抑圧体制の正当化のために利用されたというべきだろう。しかし、エジプトの場合、ナセルの甲高い声が広場の民衆を熱狂させ、その専制体制を維持する時代は、一九六七年戦争の敗戦とともに終わった。アラブ民族主義の時代は去り、硬い鎧の抜け殻のように、専制と抑圧だけが残ったのが、後継者のサダトとムバーラクの体制であった。

さて、今回の革命の中、タハリール広場で叫ばれたスローガンの中で注目されたのが「頭を上げろ、エジプト」という言葉である。だが、このスローガンは七月革命のときにも叫ばれたのである。これは体制側で用意された言葉であったかもしれないが、当時の人々が叫んだのは、植民地支配の屈辱を晴らし、民族の誇りを取り戻すという気持ちからだったろう。今回は、どのような意味がこのスローガンに込められているのだろうか。それは専制政治への屈従からの解放という喜びだけであろうか。

大統領辞任直後に始まるエジプトの積極的な外交の動きを見ると、やはり社会の中に伏流水のように流れる民族主義的な感情の存在を感じざるをえない。大統領辞任直後にエジプトは、イスラエルの抗議にもかかわらず、イラン軍艦のスエズ運河通行を許可し、その後イランとの国交正常化に

軍の装甲車にはスローガンの一つ「yasqut Mubarak（ムバーラク打倒）」が記されていた（竹村和朗撮影）

向けての交渉を行った。また、非人道的な封鎖が続いているガザの検問所を部分的に開放し、この四年間仲たがいしていたファタハとハマスの和解の仲介にも乗り出した。さらには南スーダンの独立に対応した新アフリカ外交を展開しようとするなど積極的な動きを見せている。すでに別稿で試論を示したが[4]、こうした動きは、地域大国としての復権を図ろうとするエジプトの外交的野心を示すものである。この野心を支えているのが、革命を契機によみがえった民族主義の自信である。

アラブ世界では、民族主義のイデオロギーを使って、独裁者が国民を動員し、操作する時代はすでに終わりを告げている（居残って悪あがきしている国は一部にあるが）。しかし、民族主義それ自体の役割が終わってしまったわけではない。エジプトの新外交がすぐさま方向を示すとも思わないが、新しいアラブ主義の枠組みに立つ域内の関係が、構築される可能性は今後もあるだろう[5]。あるいは今回の事態は、トルコやイランなどの域内大国を含めて、中東に安定した地域秩序が形成されるきっかけになるかもしれない。それは、現在進行中のアラブの革命の帰趨にかかっている。

同じく、民族主義のイデオロギーを使って、異なった宗派・民族・部族集団を無理やり一緒にして同じ国民に「同化」させるような、上からの国民統合を図る時代は終わった。しかし、国民統合における民族主義の役割が終わったわけではない。エジプトの場合でいえば、革命の最中に叫ばれたムスリムとキリスト教徒の国民的団結の表明は、民族主義が内政面で果たす役割の大きさを示している。一方で、宗派対立は、今回のアラブの革命でも、改革を挫折させる謀略の道具として使われている（バハレーンの例）点に注意したい。

宗教対立の問題解決は、独裁者が国内の少数派に恩恵を与えるという形ではなく、異なる集団（エジプトでいえば、ムスリムとコプト教徒）が対等な関係に立ち、相互の理解を進め、利害を調整できる枠組みを国家レベルでどう築いていくかという、双方の努力にかかっている。このプロセスにおける民族主義の新しい役割は、人々が試行錯誤の中で見つけていくしかない。今回のアラブ各国の運動の中で、「宗派主義反対」、「部族主義反対」などの主張が垣間見られた。人々が願う体制（ニザーム）の打倒の射程が、こうした社会制度や社会意識の変革にいたる深度をもっていないかぎり、本当の意味での革命には至らないだろう。

3　民主化の展望

（1）民主主義と革命

七月革命の第二の政治的目標は、政治システムの改革だった。ナセルたち若手将校は、初めから王制の打倒を目指してクーデタを起こしたのではない。それまでの政党政治の腐敗の一掃、政治システムの刷新を望んでいただけである。その証拠に革命当初は、現行憲法（一九二三年憲法）を尊重し、王制を維持する姿勢を示していた。ただし、革命前の議会政治は、国王の恣意的介入や、イギリスの干渉もあり、しばしば機能不全を起こした。国王・イギリス・議会政党（ワフド党）の三角関係は、泥仕合に陥った。首相の座をめぐって国王に賄賂が贈られるなどの腐敗が横行した。農地改革など社会問題を解決する抜本的な政策も、議員が地主ばかりの議会では決められなかった。

自由将校団は、クーデタの翌年の一九五三年、王制を廃止し、共和制を選択する方針に転換する。そして旧政党をすべて解散し、国民動員組織（解放機構、後のアラブ社会主義連合の前身）を結成し、議会政治を否定する方向に進んでいった。こうした議会制民主主義の否定、そして権威主義体制の形成には、以下に述べるような三つの背景があったと考えられる。

第一は、この政治改革が、政治エリートの交代という一種の社会革命の動きと結びついていたことである。ナセルたち自由将校団を構成する若手将校の多くは、農村の中下層出身であった。一九三六年の対英同盟条約の結果、将校を養成する軍事アカデミーへの入学が、上流家庭以外の「平民」出身の子弟に開かれた。ナセルはその第一期生であった。彼ら新しい軍事エリートが、大地主やビジネスエリート出身の政党政治家から政治的権力を奪うために行ったのが、上記の政治改革である。その後、アラブ社会主義体制を正当化する文書『国民憲章』（一九六二年）[6]で説明されたように、ナセルたちは「政治的民主主義」を否定して「社会的民主主義」を実現しようとしたのである。

自由将校団が旧支配層から権力を奪うために用いたのが、第一に腐敗追及のキャンペーンであり、第二に農地改革であった。今回の革命でも、腐敗追及の裁判が開かれていくであろうが、おそらくその機能は七月革命の場合とは異なったものになるだろう。国民民主党の旧幹部は、腐敗や不正問題で政界追放の措置を受けるであろう。しかし、イラクのバアス党員のように全面的なパージなど、政治エリートの総入れ替えが起こるとは考えられないからである。また次節で述べるが、七月革命のときの農地改革のような、ラディカルな社会経済改革によって政治エリートの構成が変化することも考えにくい。

七月革命を主導した自由将校団の心理を想像するなら、おそらく次のように彼らは考えていただろう。こうした腐った政党政治家にも、また次に述べる過激な運動の活動家たち（ムスリム同胞団や共産主義者）にも、新しいエジプトの改革は任せられない、と。そして信頼できるテクノクラート官僚や専門家を使いながら、軍人自らが国家経営をすることを決断したのだろう。こうして新しい軍事エリートが支配する体制から、旧政党政治家は排除されていった。一方、過激な運動の活動家たちは、弾圧を受けながら、その一部は体制の中に取り込まれていった。

（2）民衆運動と革命体制

七月革命体制という権威主義体制が形成された第二の背景は、当時の激しい民衆運動の盛り上がりそのものにあった。上述したように、今回の革命での軍の介入と同じく、高揚する民衆運動の作り出した革命状況という混乱を収拾することが、自由将校団が決起した理由だった。民衆運動を統制するに当たって、新しい軍事エリートが対決を迫られたのが、左右の過激な革命主義的運動、ムスリム同胞団と共産主義運動であった。これらの運動との対決の過程を通じて、強権的な七月革命体制が形成されてきたといってよい。

とくに当時の同胞団は、最大の大衆動員力を誇り、街路でのデモなど直接行動で大きな力を発揮しており、侮れない相手であった。ナセルは、街路での政治、街頭政治でこれらの勢力を打ち負かした。大衆動員組織の解放機構の結成に加え、労働運動を味方につけたのも勝因の一つだった。しかし、新聞などのメディアを統制・利用し、さらには治安組織を使って力ずくで運動を押さえ込んだという方が実態に合っている。

もともと自由将校団のメンバーは、ムスリム同胞団と共産主義運動（主流派の「民族解放民主運動」ＤＭＮＬ）と密接な関係にあった。クーデタの決定も双方の勢力に通知していた。七月革命直後、自由将校団は、共産主義運動を弾圧する（その背後には対米関係の配慮があったろう）一方で、当面の目標である旧政治エリートの追い落としを図るため、同胞団と関係をしばらくは維持した。

しかし、やがて最大の政治的ライバルで老舗の民族主義政党、ワフド党を失墜させた頃から、同胞団との対決が始まる。その頂点は、一九五四年の三月危機（同胞団に支持されたナギーブ大統領との対決）であった。この危機を乗り越えたナセルは、同年一〇月の自らの暗殺未遂事件を利用して、徹底的に同胞団を弾圧した。共産主義運動に対しては、同胞団の弾圧が進むのにしたがい、活動の再開を許した。しかし、一九五八年のイラク革命に共産主義勢力が加担しているのを知ると、一転して弾圧に転じ、やがて六五年には自主的解党に追い込んだ。解党後の共産党員の多くは、メディアや文化関係などでアラブ社会主義体制の形成に動員されていった。弾圧を免れた一部の同胞団員も同様だった。

ナセルの体制は、これらの運動組織のメンバーばかりでなく、それぞれのイデオロギーも自らの中に取り込んでいった。アラブ民族主義やアラブ社会主義といった体制イデオロギーを飾り立てるために、マルクス主義やイスラームの用語や概念が使われた。たとえば、アラブ社会主義の国エジプトは、封建的地主や搾取的資本家からの解放を成し遂げた勤労人民の国であるから、議会の議員の半分は「労働者・農民」でなくてはいけないという欺瞞的な規定ができあがった。この規定は、軍事最高評議会の判断により、今回の革命でも生き残り、二〇一一年秋の選挙でも適用されることになっている。

ムバーラク大統領辞任の一週間後、広場でカードやステッカーなどを売る露天商。右手のステッカーには「エジプト・1月25日」と印刷されている（竹村和朗撮影）

エジプトの七月革命体制は、あらゆる政治・社会運動を統制し、体制内に吸収していくという「アラブ的な全体主義」であり、形態は若干異なるが、シリアやイラクのバアス党体制などに対し、範を示すものであった。その運動の体制への統合という点で重要なのが、労働運動の統制である。

労働運動は、同胞団などと激しく争った「街頭政治」でナセルの力強い味方になった。それゆえ、雇用保障や最低賃金・利潤分配制度など、恩恵的な労働立法を通じて、労働運動の体制内への取り込みを図った。その一方で、スト禁止など活動を厳しく規制した。ある左派の活動家の表現によれば、それは「階級闘争の国有化」であった。

また、活発な女性運動も弾圧の対象となった。七月革命後、女性参政権を要求してハンストに入った「ナイルの娘」などの組織は、厳しく弾圧された。その代わり、ナセル体制は、官製の女性団体を作って、女性の地位向上に向けての立法措置を取った。これも社会運動の体制内への取り込みの一例であった。

エジプトで専制政治がなぜ横行したか。それはナセルが革命で作った体制、七月革命体制が民衆の運動を統合し、抑圧することによって成り立ってきたからである。だがやがて、こうした体制による社会運動の統制が機能しなくなる時代が来る。そのきっかけが、一九六七年の第三次中東戦争の敗戦であり、翌年、一九六八年二月に起きた学生・労働者の反体制運動である。これは一九五四年以来初めての公然たる政府批判の運動であった。こうしてエジプトは、再び社会運動が活性化する時代になった。二〇一一年に起きた民衆運動は、一九六八年に起きた運動の終着点であったと見ることができる。

今回も革命的状況の秩序化のために軍が介入したが、ふたたび権威主義の時代に戻るかどうかは、今後の革命運動と旧体制護持の勢力との力関係で決まっていくだろう。また、もちろん今の革命の熱情は長続きすることなく、街頭での直接行動の波もいつかは静まるだろう。ただし、注目したいのは、七月革命体制を支えてきた二本の支柱、治安組織と官製メディアの支配に対し、今回の革命が痛撃を加えたことだ。民衆の襲撃を受けた秘密警察が改革をよぎなくされ、内務省の幹部の大幅な更迭が発表されるなど、かつてナセルが作った警察国家の仕組みが揺らぎつつある。

また七月革命体制の下では、主要新聞・雑誌が国有化され、極端なマスメディアの国家統制が行われた。もっとも権威のある「アハラーム」紙の一面トップは、毎日、大統領の動向を伝えるという具合であった。今回の革命では、情報省が廃止され、官製メディアは一斉にムバーラク支持から革命勢力支持へと論調を変えた。もちろん、それは革命直後に編集長や新聞社幹部の更迭が相次いだことにもよるものだが、それでも売り上げを減らし、独立系の新聞に人気を奪われている。今回の若者たちの運動の道具として使われ、世界から注目されたソーシャルメディアの役割を含め、権力の統制を逃れて自由な政治運動や社会運動が展開できるメディア環境が生まれつつある、と見るのは楽観的すぎるだろうか。

（3）思想状況の変化

七月革命が権威主義体制に行き着いた三番目の背景として、当時の政治的な思想状況の問題を指摘しなければならない。とくにイスラームと議会政治の問題は、こうした議論の中心にある。当時、共産主義勢力が権力を握る可能性はなかったが、同胞団には政権に影響力を及ぼす実力は充分あり、実際そのために徹底的に弾圧を受けた。しかし、ここで議論したいのは、もし七月革命のときに同胞団が政権を取ったら、イスラーム的な専制政治の体制になったか、という話ではない。

上述のように新しい軍事エリートたちは、一九五三年一月に全政党の解散を命じて、専制体制への道を歩みはじめた。このとき議会政治の否定を正当化するために用いられたのが、イスラームである。当時の政府のスポークスマンは、政党政治を、利己心に依拠し本来的に腐敗しており、非イスラーム的なものだと述べ、ワクフ大臣のシャイフ・バクリーは、一党制はイスラーム的制度ではないが、もっともイスラームの精神に近いなどと発言したという[7]。

よく誤解されることだが、ナセルは、イスラーム主義者が批判するような単純な世俗主義者ではなかった。たとえば、彼が作った七月革命体制は、スンナ派イスラームの最高権威、アズハル学院を国家の統制下に置き、イスラームを政治的に利用する体制であった。このイスラームの政治的利用をさらに積極的に推し進めたのが、ナセルの後継者、サダト大統領であった。彼は、左派やナセル主義者に対抗するため、イスラーム主義勢力を利用しようと考えた。だが結局は、自身の暗殺(一九八一年十月)という悲劇を招いた。

今回の革命において、今後の新しい政治体制をめぐる議論で焦点の一つになっているのが、サダトが改正した憲法のイスラーム条項である。彼が定めた一九七一年憲法第二条は、イスラームを国教としたが、さらに一九八〇年の改正ではイスラーム法(シャリーア)を国の法律の唯一の法源とするという内容を加えた。コプト教徒や世俗主義者は、この改正を求めているが、実現は難しいだろう。

しかし、イスラームと議会政治をめぐる認識は、七月革命当時とは大きく変わった。たとえば、今回の革命で、憲法や新政治体制への議論が展開される中、伝統イスラームの総本山、アズハルが六月に発表した文書では、憲法に依拠した近代的で民主的な国家の樹立が謳われている。「宗教国家」を否定し、「市民的（マダニーヤ）国家」を求めるという内容で、近代エジプト一五〇年で初めての画期的な文書と評価する声もある。時代も変わり、思想状況は大きく変わったのだ。それは、体制派のイスラーム知識人だけではない。ムスリム同胞団や、さらに武装闘争（テロ）路線を放棄した急進派組織のイスラーム団さえも、議会制度を認めて、選挙に参加しようとしている。一九五二年当時に見られた政党政治へのアレルギーは、一部の過激な思想の持ち主は別として、今やほとんどなくなったといってよいであろう。

（4）今後の政治的展望

以上、七月革命のプロセスと比較しながら、今回の革命が直面する政治改革の課題について論じてみた。ただし、七月革命によるニザーム（体制）の形成プロセスを振り返ることで、その改革の道筋が描けたかどうかといえば、すっきりした答えはまだ見つかっていない。示した論点は三つあった。旧政治エリートの追放、民衆運動への対応、議会政治への信頼度である。第一の点についていえば、今回の革命で政治エリートの全面入れ替えはないだろう。七月革命の自由将校団メンバーのように、新しい政治エリートが革命の担い手となっているわけではないからである。第二の点でいえば、七月革命のときのように、軍部が運動を力ずくで弾圧し、新しくできる全体主義的体制に活動家を取り込んだりすることはないだろう。革命の今後は、運動を始めた若者たちが活力と団結を失わず、フォーマルで安定的な政治組織を作っていけるかどうかにかかっているだろう。第三の点について、時代はリベラリズムへの回帰に向かっているという比較的楽観的な見方もできるかもしれない。しかし、問題はイスラーム主義イデオロギーとの関係の調整である。しかし、イスラームと国家との関係についても、今や議論は二項対立的なものではない、多様な選択肢が国民の前に開かれているように見える。

三月一九日の憲法改正（大統領選出方法など部分的な改正）をめぐる国民投票以降、改正に反対するリベラル・世俗主義者とイスラーム主義者の間の対立がはっきりしてきた。前者は、早い議会選挙の実施は、旧い政治勢力の残存を許し、また根本的な政治改革を阻むものになると主張し、まず新しい憲法の制定から始めるべきだと訴えている。これに対し、議会選挙での勢力拡大をねらうムスリム同胞団は、軍が指名した憲法改正委員会の改正案を支持する立場を取った。軍の本音は、おそらく七月革命体制の実質的な護持であろう。こうして現在、軍、リベラル・世俗主義者、イスラーム主義者の三者鼎立の関係が明らかになっている。この三者に他の諸勢力が合従連衡の関係を取り結ぶことによって、これからの革命の政治過程が進んでいくと予測される[8]。

4　経済改革の課題

（1）革命の経済的背景

一月二五日革命の背景には、七月革命と同様、深刻な経済問題があった。この革命の「裏」のテーマは、すでに述べたように、大統領辞任直後に噴きだした数々の経済的不満や要求に表れている。このような色々な方向性をもつ要求に、革命はどのような答えを見つけるのか。

まず、七月革命と比べて大きく違うのは、今回の革命の場合、斬新で抜本的な政策をすぐに打ちだすことは難しいだろうという点である。自由将校団は、クーデターから早くも二ヵ月後に第一次農地改革を断行した。また年来の懸案だった灌漑問題については、アスワン・ハイダムの建設を軍人らしく即決し、その水力発電を工業開発の基礎にしようと考えた。これはエジプトの社会と自然の双方に大改造を施す政策だった。しかし、現在のエジプトには、そのような大胆な政策や大プロジェクトを選択する余地は残されていないように見える。

もっとも七月革命においても、新しい経済開発体制（アラブ社会主義）の形が定まっていくにはかなり時間がかかった。革命当初、民間資本の動員に期待した政策が、国家主導の経済開発に変わったのは、一九五六年のスエズ戦争時における敵国資産（英仏、そして国内ユダヤ教徒所有）のエジプト化＝国有化が転機であった。さらに一連の社会主義立法が出されるのは一九六〇年代初頭であり、新体制ができるのに、おおよそ八年近くもかかったことになる。

今回もまた、革命をきっかけに新しい経済開発の仕組みができるにしても、それにはかなりの年月がかかるのではないか。そしてその場合も、七月革命のときと同じく、政治的な変化と連動するだろう。ただし、この点で注意したいのは、すでに前節で述べた七月革命のような政治と経済のエリートの全面的な入れ替えは、今回はおそらく起きないのではないか、ということである。

たとえば、七月革命ではまず農地改革によって経済エリートの交代の方向が示された。農業開発の担い手は、大地主層から農業省の官僚機構に移った。また工業部門でも、アラブ社会主義体制の下でテクノクラートとして登用された公企業の経営幹部や技術者たちが新たな開発の担い手になった。この新興の中産階級は、一九四〇年代から進んだ「経済のエジプト化」(企業の資本や労働力のエジプト人比率を高める)政策の受益者でもあった。こうして王制時代に政治と経済の両面でエジプトを牽引してきた、大地主層や都市ビジネスマン・エリートは退場し、軍人の国家支配の下、テクノクラート層が新しい経済エリートとなった。

このような大幅な階層変化が今回の革命で起きることはないだろう。むしろ社会階級の変化というならば、すでにこの四〇年の間に顕著な動きがあったというべきである。それは、サダト大統領が導入した門戸開放政策や、また同時代に起きたアラブ世界のオイルマネー・ブームによる変化である。開放経済の恩恵を受けた特権層、新興富裕層の出現に加えて、新しい中産階級ともいえる人たちが都市や農村の双方で見られるようになった。特権層を構成するのは、政府関係者とのコネをもつ民間の貿易業者や、公企業テクノクラート・軍人出身のビジネスマンたちである。一方、かつて安定した生活を保障されていた公務員や公共部門の労働者は、多くが門戸開放の波に乗り損ねた。彼らは新中産層になる機会を得られず、新しいワーキングプアに転落した。こうしてアラブ社会主義時代の階級の構造が溶解してしまった。社会に大きな変化が起きたのに、政治や経済の基本的な仕組みが変わらない。こうした両者の間のギャップが今回の革命の背景にあったと考えられるかもしれない。

七月革命と比較するならば、今回の革命の経済的背景は大きく異なる、あるいは経済的な危機の質が違うともいえる。七月革命の経済的目標は、第一には経済の民族化、エジプト化であり、これが国家主導の経済政策につながっていった。これは上述の民族主義の追求という政治的課題と結びついていた。第二のより基本的な目標は、当時の途上国経済の一般的特徴であった、一次産品依存のモノカルチャー経済構造から脱却することだった。これは農村の貧困問題を農地改革によって改善するという所得の再分配政策を一つの柱にした。もう一つの柱、国家主導で行われた輸入代替型工業化であった。しかし、この試みは、同じ路線をとった他の途上国と同じく挫折した。

今回の革命の経済的背景には、このアラブ社会主義時代の開発の失敗という負の遺産がある。さらにこの体制に修正を加えようとした門戸開放政策の悪影響という二番目の負債もある。いわば、過去の二回の開発の失敗という複雑な背景を抱えている。アラブ社会主義の負の遺産とは、たとえば大学・工業学校の新卒者の雇用を保障する「福祉政策」のために起きた政府部門の過剰雇用である。また、本来は上述の労働組合対策として、すなわちスト権など政治的権利の剝奪の代償として、実施された補助金政策（食糧など基本的物資の低価格での提供）である。また内需優先の内向きの工業化の遺産や、国家による統制主義による複雑な規制や規則が、輸出志向の開発路線の足かせとなっている。

次の門戸開放政策がエジプト経済にもたらしたのは、四つの「外生的収入」（一・産油国への出稼ぎ労働者の送金、二．スエズ運河使用料、三．石油収入、四．観光業）に依存する体質であった。国内の製造業や農業といった基幹産業を成長のエンジンにするのではなく、国民経済の外側からもたらされるレント＝地代に依存する経済を「レンティア経済」と呼ぶが、エジプトは、オイルマネー・ブームのこの時期、こうした産油国と似通った経済体質をもつにいたった［9］。

さらに深刻なのは、エジプトの経済学界の重鎮、ガラール・アミーン教授が「軟性国家の負担」と形容する国家と経済の関係の問題である。「軟性国家 soft state」とは、著名な経済学者ミュルダールが唱えた途上国の国家の類型で、最近の用語でいえば「弱い国家 weak state」に近い。アミーン教授によれば、官僚機構の腐敗に象徴されるこの「軟性国家」にエジプトが転落したのは、サダト時代以降であるという［10］。公務員の規律の弛緩に加えて、民間企業の側でも遵法精神の低さ、縁故や情実の横行、賄賂と腐敗の蔓延が見られ、経済発展を阻む制度的な障害となった。

この問題には、ムバーラク大統領自身も気づいていたのではないかと思う。サダト時代の悪弊を除去するため、大統領に就任直後、彼が軍人出身らしく「インディバート（規律遵守）」のスローガンを掲げたことを、筆者は記憶している。たしかに一時期、路上の違法駐車も減ったように見えたが、いつのまにか元通りになった。むしろその後は、「軟性国家」を肥やしにして「腐敗の大樹」がエジプト全土を覆うまで大きく育った［11］。人々が革命に立ち上がった社会の閉塞感とは、政治的抑圧に由来するものだけではなかった。このような経済的な不正と腐敗が閉塞感のもう一つの源であった。

今回の革命の背景にある経済的危機は、七月革命のときに見られたような「絶対的な貧困」とは質が異なる。門戸開放政策の導入後、上述したような変化に伴って、新しい貧困の形、あるいは階級格差の新しい形が生まれてきたといえる。それを象徴するのが、カイロの階級別の住宅地図である。この階級地図は、次のような三層構造をとっている。層の真ん中の旧市街地には、総じて不満を募らせている中層下層の人たちが住んでいる。この旧市街を取り囲むのが、農村あるいはカイロ市中心部から移り住んできた極貧層のスラム街だ。中でも有名なのが、中世以来の墓所に不法占拠者が住みついた「死者の街」である。さらにその周りの砂漠には、中産階級用の郊外都市が建設され、そして最近は塀に囲まれた「ゲーテッドコミュニティ」型の高級住宅地が広がっている。こうした邸宅街ができたのは、二〇〇〇年代以降、ちょうど新自由主義的政策の時期に当たっている。そしてその開発には、国有地払い下げ疑惑など、前住宅大臣をはじめとする旧体制の腐敗がからんでいた。

(2) 経済改革の展望

すでに述したように、革命後には、さまざまな不満や要求が噴出した。とくに大統領の次男で世襲を狙ったガマールが主導する新自由主義的な経済改革に対しては、厳しい批判の声が上がった。民営化にまつわる腐敗や合理化による非正規雇用の増大などである。深刻な失業に、若者たちは絶望を覚えてきた。彼らの抗議運動が依然として続く七月のある日、三〇人の若者が出稼ぎのため漁船でイタリアに密航しようとして溺死する事件が起きたのは、何ともやるせない。一方革命後、ホームレスの人たちが住宅を要求する運動に立ち上がった。彼らの一部は、二〇〇八年九月にカイロ市の東のはずれ、ムカッタム山の山腹に作った住宅を、岩石崩落の事故で失った人たちである。多くの犠牲者を出したこの事故は、その拙劣な対応をめぐって、「弱い国家」ムバーラク体制への怨嗟を強める一因となった。

今後の経済政策の見通しとして、このような民衆の不満に対し、革命後の政府がそれらの要求を無制限に呑んでしまう、いわばポピュリズム（大衆迎合主義）への傾斜への危険がないわけではない。これは、一九七九年のイラン革命のときに起きたことだ。ただし、エジプトの場合、すでに門戸開放の時代に大衆暴動の圧力で改革が進まないという事態が起きていた（一九七七年一月の物価暴動によるＩＭＦ勧告の実施中止）。民衆運動とポピュリスト政策の継続の間に一種のルールができているように見える。しかし、これとは反対の見方として、エジプト経済が直面する厳しい状況のために、結局は体制に変化はなく、新自由主義路線が別の形で再発進する可能性もある。

しかし、革命後の経済改革が課題にすべきは、以上のポピュリズムと新自由主義の二者択一ではなく、第三の道を模索することではないか。その場合、改革の目標となるのは、過去の二つの開発政策の失敗、負の遺産の清算であろう。第一のアラブ社会主義の負の遺産とは、すでに破綻している古い形の「福祉主義」、時代遅れの規制主義的な官僚統制、内向きの開発戦略などである。一方、門戸開放の時代の負債の解消としては、レンティア経済体質の克服、軟性国家の行政改革・風紀刷新が課題に挙げられる。

以前に拙稿[12]で述べたように、エジプトの経済改革には、一九三〇年代以来、相互に結びついた四つの課題がある。第一は、工業化の課題である。今日的状況でいえば、レンティア経済的な経済体質を改善し、未だ残存する内向き志向を克服するための、先導的産業分野を育て上げることである。第二は、社会問題への対応であり、具体的には社会開発政策の見直しである。一例として、新自由主義的改革のモデルケース（劇薬である合理化の影響を緩和するセーフティネット）として導入された「社会開発基金」の活動見直しは必要だろう。第三は、軟性国家から脱却した開発レジームの再構築である。透明度の高い国家と企業のガバナンス向上によって、自由と公正を備えた市場社会がどのように実現できるか。その場合の鍵となるのは、労働市場の改革、合理的な再構成である。そのためには、すでに破綻しているアラブ社会主義的な福祉政策と、これと結びついた労働政策の見直しが不可欠であろう。

さまざまな経済階層の利害を調整した開発レジームをどのように構築するかが、革命の経済的目標の中心に据えられる。第四は、このような諸階級の利害を調整する開発イデオロギーの創出である。その場合、七月革命当時のそのままの形での民族主義の復権は、もはや見られないだろう。とはいえ、今回の革命で示されたエジプト人の民族的自負心、国民連帯の強調に依拠しながら、多くの人が共感できる考え方を編みだしていく必要があろう。それは新自由主義の旗振り役であった大統領の次男ガマールが、与党国民民主党の政策局長として打ち出した「新思考」なる上から目線のものではなく、政治的な改革と結びついた国民的討論の中から見つけていくしかない。その意味で、革命広場の若者たちが叫んだ、前掲のスローガン「パン、自由、尊厳、社会的公正」には、積極的な含意があるように思えるのである。

《注》

[1] 腐敗については　拙稿「エジプト一月二五日革命を考える―「腐敗」をキーワードにして―」『中東研究』（五一一号、二〇一一年Vol．1）を参照。

[2] 拙稿「門戸開放期エジプトの国家と社会～グローバル化の波と社会運動」『持続可能な福祉社会へ：公共性の視座（四）アジア・中東』（勁草書房、二〇一一年、近刊、所収）を参照。

[3] 二つの革命の展開過程の比較については、拙稿「二つのエジプト革命」『国際問題』（二〇一一年一〇月号）を参照。

[4] 拙稿「エジプト革命とパレスチナ問題」『パレスチナ学生基金ニューズレター』第七号（二〇一一年七月）。

[5] 拙稿「アラブ主義の現在」木村靖二・長沢栄治編『地域への展望』山川書店、二〇〇〇年を参照。

[6] アジア経済研究所（板垣雄三訳）『アラブ連合共和国・国民憲章』アジア経済研究所所内資料（調査研究部四〇－三二）一九六六年。

[7] Gordon, Joel, *Nasser's Blessed Movement, Egypt's Free Officers and the July Revolution*, Cairo: the American University Press, 1996, p. 146.

［8］革命をめぐるゲームのプレイヤーについては、前掲注［3］の拙稿「二つのエジプト革命」を参照。

［9］黒田貴義「門戸開放期のエジプト経済における資源・海外労働に対する依存―『オランダ病』、『レンティア経済』概念を用いて」『日本中東学会年報』二七‐一（二〇一一年七月）を参照。

［10］ガラール・アミーン『ムバーラク治世期のエジプトおよびエジプト人　一九八一‐二〇〇八年』（アラビア語：カイロ、メリート社、二〇〇九年）。前掲の注［2］の拙稿「門戸開放期エジプトの国家と社会」による紹介を参照。

［11］前掲注［1］の拙稿「エジプト一月二五日革命を考える」を参照。

［12］拙稿「経済改革の歴史的経緯」山田俊一編『エジプトの政治経済改革』（アジア経済研究所、二〇〇八年）を参照。

4章　カダフィ政権崩壊と未来
――民主化というグローバリゼーションの中で――

国際金融情報センター主任研究員　福富満久

「正直に言おう。石油さえなければ今頃リビアは発展した豊かな国になっていただろう。石油より水がふんだんにあったほうが良かったのだ」
――アブデルカデル・オマール・エルケール・リビア経済相
Jeune Afrique, No. 2381, 2006, p. 31.

はじめに

二〇一一年八月二一日夜、反対派勢力が首都トリポリの大部分を制圧、最高指導者カダフィ大佐を警護してきた親衛隊が降伏した。二三日には、カダフィ大佐が最後まで指揮をとっていたとみられる中枢施設も制圧、革命から四二年、リビアの最高指導者カダフィ大佐が築いてきた長期独裁体制が崩壊した。

チュニジアとエジプトで独裁者を倒してきた民衆蜂起が二月に波及して以降、最高指導者カダフィは退陣を拒否、政権は明け渡さないとして、反体制派勢力との間で内戦に突入して一時は長期化の様相を呈していた。だが、執拗な反体制派勢力の攻撃、国連安全保障理事会による制裁決議、連日の北大西洋条約機構（NATO）の軍事介入に抗しきれず、ここにきて一気に瓦解した感がある。反体制派を援護するため結集したNATO軍が行ったカダフィ派軍事拠点への攻撃は、出撃回数計二〇二六二回に上り、実際の空爆は七六三五回に達していた（八月二三日付NATOプレスリリー

カダフィ支持派が NATO 軍空爆を避けて拠点とした世界遺産のサブラータ遺跡（筆者撮影）

ス）[一]。

これから新政権樹立への作業が始まっていくこととなるが、二つの問題がある。カダフィ大佐の身柄が未だ（八月二六日現在）確保されていないことである。逃亡先は、故郷である中部沿岸都市シルトか幼少期を過ごした南部要衝のセブハだとみられる。この両都市は自身の出身部族であるカダファ族が多く居住する地域でもあり、このいずれかに身を移し、最後まで武器を取り続ける気でいるのかもしれない。そうなれば混乱はしばらく続くことになる。

もう一つの問題は、政権崩壊後のリビアについて青写真を描くことはそう簡単ではないことだ。そもそも同国には、カダフィ大佐の思想が強く反映した〝全人民が統治する〟とした独特の国づくり「直接民主主義体制」が進められてきた。したがって憲法制定から議会制度、また官僚機構などの国家機構の導入まで一から整備しなければならない。部族社会の微妙な権力構造（人口構成や経済力）もあり、権力配分を間違えば、期せずして国家という枠組み自体が崩壊し、無政府状態に転落してしまう可能性もある。欧州とは地中海を挟んだすぐそばに現在のアフガニスタンやかつてのイラクのような「権力の真空地帯」ができることは、皮肉にもカダフィによる独裁体制がそこにある時よりも恐ろしい事態に違いない。

これまでNATO軍でリビア介入の中心となってきたイギリスはロンドンで発生した大規模暴動によって露呈した鬱積した社会不満の解消に忙しい。また、フランスもアメリカも来年に迫る大統領選挙によって、内向き思考となっている。実情は、どの国も国内政治に忙殺されており、加えて世界的な景気後退の懸念のなか、自国経済の舵取りで手一杯である。新生リビアにどこまで手を差し伸べることができるのか。日本を含む欧米諸国は、現下の政治経済の混乱の最中、リビアの未来を引き受ける覚悟があるのだろうか。その覚悟があって軍事介入を行ったのか。

本章では、革命政権の成り立ちから世界でも稀にみる国家像に迫り、民衆蜂起のきっかけ、そして今後の展望について論じたい。結論から先にいえば、リビアが二〇〇三年に国際社会に復帰した時点で、その革命政権の存在意義は消滅していたといえる。その延命策が、政治的にはアフリカ統一であり、経済的には外資導入による経済開発であった。

1　リビアという国家の概観――一九六九年カダフィ革命の背景と革命政権――

空路地中海を超え、機内からリビアの大地を眺めると、緑はほとんど目につかず、乾いた黄色い大地一面を覆っている。同じ地中海に面するアルジェリアやチュニジア、そして「ナイルの賜物」エジプトのカイロを上空から眺めた時の風景とは、まったく異なった荒涼とした風景が広がっている。早くからフランスやイギリスに目をつけられた先の国々とは異なり、海外領土獲得競争に遅れたイタリアが残されたこの場所に目をつけたのは一九一一年のことであった。

イタリアは、青年トルコの革命（一九〇八年）によって弱体化したオスマン帝国に宣戦し、一九一一年九月、トリポリ、キレナイカを攻略（イタリア・トルコ戦争）、一九一二年一〇月、現在のリビアの版図を支配下に置いた。イタリアによる支配に対して、モハメド・アリー・アル・サヌーシーを始祖とする土着のイスラーム神秘主義教団「サヌーシー教団」ほか各部族が抵抗を試みたものの、同教団導師ウマル・アル・ムフタールが一九三一年にイタリア軍に捕えられ絞首刑に処せられると、国民国家が形成していくというプロセスはみられぬまま、第二次大戦が始まってからは連合軍と枢軸軍の戦場となり、終戦を迎えた。

終戦後の一九四九年、国連はリビアの独立を決議したものの、国家として自立できる行政機構・官僚組織などもなく、国連の管理下に入ることとなった。ようやく一九五一年一二月、キレナイカ（東部）、トリポリタニア（西部）、フェザーン（南部）の三州が合同し、サヌーシー教団の始祖アル・サヌーシーの孫であるイドリス一世を元首とする王国として独立する運びとなったが、事実上アメリカの傀儡で当時北アフリカ最大であったウィラス米軍基地の存続を許し、石油の利権も米系メジャーに握られたままだった。

このような情勢下、一九六九年九月、ムアンマル・カダフィを中心とした青年将校たちはトルコで病気療養中のイドリス国王をクーデターで追放し、カダフィを議長とする革命指導評議会（RCC）を樹立、国富の流出を止め、直接統治を基礎とする人民革命を宣言するのである。リビア人一人ひとりが国を背負っていく、とする革命指導評議会は、富が国外へ流出する現実に国内では不満が高まっていたこともあって、民衆に受け入れられていった。

対外的には、これまで帝国主義に蹂躙されてきたリビア以外の第三世界にも連合を呼びかけ、不平等に適用される国際法と、それを都合よく解釈して行動するアメリカを中心とした国際政治の偽善性を糾弾することに力を注いでいくこととなった[2]。同政権は、革命政権ゆえ、一九七〇年代〜八〇年代、アジアや中南米、アイルランドのIRAなど民族解放運動を支援し、また、テロリストを自国に匿うなど、国際社会から容認される限度を超えて行動し、アメリカなど西欧諸国と敵対関係に陥った[3]。

反欧米という強い国家思想を実質的に支えることができたのは、豊富な石油資源があったからである。一九五九年に石油が発見され、一九六一年に輸出を開始し、翌年には OPEC に加盟した。石油収入は全収入の九九・九%を占め、石油収入は、一九七八年九八・八億ドル、一九七九年一五九・四億ドル、一九八〇年には二一九億ドルに達した[4]。この間、RCCでは、石油の利権を掌握したカダフィを中心に、クワイディ・アル・フマイディ将軍や諜報部隊トップのムスタファ・カルビなどの側近が脇を固め、サウディアラビアのような血の結束ではなく、あくまでも、カダフィと運命を共にした革命戦士からなる強権体制が整えられた。石油収入をコントロールする者、つまりカダフィが経済力を持ち、ここにピラミッド型ヒエラルキー社会が形成され、さらにカダフィが政治力を高めることとなった。

こうした中、アメリカは、事実上の経済制裁法である対リビア商取引停止措置法を制定、まずはリビアで操業する米系石油企業に圧力をかけていった。これにより一九八一年には、エクソン社、一九八三年には、モービル・オイル社が撤退し、一九八五年には、残りの五社[5]もリビアでの活動を停止した[6]。それまでアメリカはリビアの取引相手国である西ドイツ（一八・三％）イタリア（一四・八％）を凌ぎ、第一位三五％を占めていたが、同措置以後の一九八二年には三・二％にまで激減し、一九八六年には両国間取引は完全になくなった[7]。

一九八六年四月五日、西ベルリンのディスコ「ラ・ベル（La Belle）」によってさらにアメリカとリビアの関係は悪化する。テロによって二名のアメリカ軍兵士が死亡（二六〇名以上が負傷）、その容疑者がリビアの情報部員であったことから、一九八六年四月一六日、アメリカはトリポリとベンガジを爆撃した（カダフィの養女を含め市民三〇数名が死亡）[8]。リビアは、これに対し、二つのテロ行為で対抗する。一九八八年のロッカビー事件[9]と翌年のUTA機爆破事件[10]である。ロッカビー事件で犠牲となった二七〇名のうち、一八九名がアメリカ国籍だったため、アメリカはリビアが市民を標的にした報復行為に及んだものと捉えた。フランス籍UTA機爆破事件の背景には、リビアが領有権を主張するチャド北部のオゾーに対し、フランスがチャドの後見役として軍事介入を行い、リビアと衝突していた事実があった。この二つのテロ事件により国際社会は結束してリビア包囲網を築いていく。一九九二年三月末および九三年一一月、国連安全保障理事会(七四八決議・八八三決議)は二つの航空機爆破事件に対する制裁としてリビアに航空機の発着を禁じ、経済制裁を課した。

2 カダフィ政権崩壊への序章

リビアは、国連経済制裁以降、すべての取引が停止されていたわけではなかったため、国民が窒息するまで追い込まれたわけではなかった。しかし、革命以後これまでみられなかった反体制派組織による動きが活発化することとなった。一九九三年一〇月には、ワルファラ部族の数十名の将校が企てたクーデター未遂事件が発覚し、これら将校を処刑した事件が起きた(なお、未遂事件後の処罰によってさらにワルファラ部族は冷遇されたことから、二〇一一年二月二〇日、民衆蜂起後すぐに同部族長会議はカダフィ政権に対する非難声明を出す)。

さらに九〇年代半ばには、リビア国内ではリビア・イスラーム戦闘集団[11]とイスラーム殉教運動[12]がイスラーム政体の樹立を目指して活動するなどこれまでになかったカダフィ政権の正統性の揺らぎが観察される事態となった[13]。政府はそれに対して一九九七年、治安維持の一環として連帯処罰法を制定し[14]、一九九八年六月、イスラーム主義者一五六人を逮捕するに至った[15]。

また、国外からは、イギリスで、リビア救済国民戦線[16]が、その他欧州からは、スイスやドイツを拠点に展開していたリビア人権連盟[17]が、また、アメリカでは、アメリカ・リビア自由同盟[18]が中心となってカダフィ体制の解体を訴えていた。一九九六年には、アメリカは、同様に敵対するイランとリビアに対する経済制裁を強化するため、イラン・リビア制裁法を制定、さらにリビアへの経済の締め付けが強化された。カダフィ政権を追い詰めるための国内外から包囲網は広がるばかりであった。

ところがロッカビー事件から約一〇年、経済制裁に伴う国内政治情勢の不穏化と、海外ロビーの圧力が政権中枢に政策転換を促し、突如一九九九年から犠牲者家族への補償を表明、交渉を開始した[19]。また、二〇〇一年九・一一米同時多発テロの発生により、対テロ戦争が鮮明となった同年一〇月のアフガニスタン侵攻や二〇〇三年三月のイラク戦争も政権内部に危機感が広がっていく要因となった。

経済を細かく見ていくと、同国では国連による経済制裁発動以降、対内直接投資流入の減少により、新規開発が事実上停止に追い込まれていた。最盛期には、日量生産約三〇〇万バレルを誇っていた産出量は、国際社会に復帰する直前の二〇〇二年時点で日量生産一三七・五万バレルまで落ち込んでいた[20]。政府は経済制裁で疲弊した石油インフラ（製油所・パイプライン）を早急に整備し、輸出を増やし、そしてその輸出収入で人工河川計画［21］計画とそれによる農地転換（緑地）計画、そして鉄道敷設計画を進展させて基礎インフラの整備を完了したいという思惑があった［22］。

二〇〇三年一二月一九日、リビアは大量破壊兵器の開発計画を断念すると発表し、翌二〇〇四年一月六日には包括的核実験禁止条約、同年二月五日には化学兵器禁止条約、同年三月一〇日には核不拡散条約を立て続けに批准した。リビアはこうして国際社会との対話を再開し、完全復帰への道を歩み始めた。アメリカとの関係は政治的にも経済的にも漸進的に回復し、二〇〇四年二月対アメリカ関係においてもイラン・リビア制裁法が解除（なお、現在でもイラン制裁法は解除されていない）され、同月再開したアメリカ利益代表部は、二〇〇六年五月三一日大使館に昇格した。一九七二年にアメリカ大使が離任して以来、三四年ぶりの外交関係の回復となった［23］。

しかし、欧米諸国との和解は、カダフィ大佐を支持してきた民衆にすれば、国際社会への迎合であり屈服に他ならない。革命思想をあくまでも堅持し、孤立を深めながらも思想的求心力を維持していくか、国際社会に復帰して外貨を稼ぎ、国内の不満を解消するか。指導部に残された道は、後者しかなかった。

二〇〇五年一月から、二〇〇七年一二月まで、計四回の広範囲にわたる石油鉱区の鉱区入札を実施したことは政権の危機感の顕れである。ＥＵの近隣にある利点を活かし、ＥＵ向けに天然ガスの輸出を拡大し、外貨獲得を進めて、経済を前進させて国民の欲求を満たす算段であった。

西欧諸国とリビアの間の外交関係も急速な改善がみられた。二〇〇四年三月二五日、イギリスの

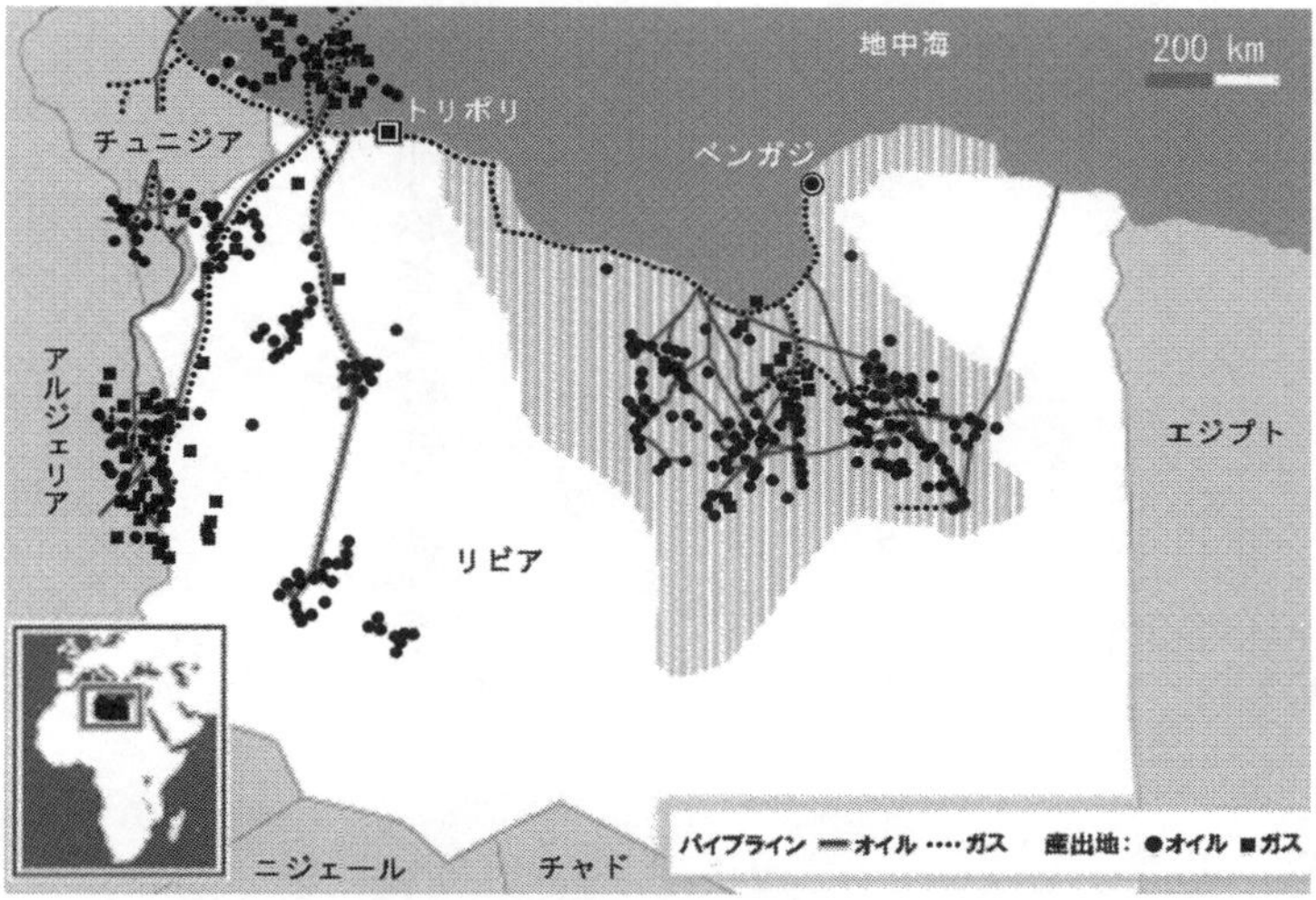

リビアの油田とパイプライン http://graphics.thomsonreuters.com/11/02/ME_LBOIL0211_SB.gif[2011/08/27] の画像を一部修正

ブレア首相はトリポリを訪れ、カダフィと会談し、四月にはカダフィはブリュッセルに招かれバルセロナ・プロセスに正式に加入した。その後欧州の首脳たちがリビアを訪れた。また一〇月にはEUはリビアに対して武器購入禁止制裁を解除した。リビアはシシリア間のガスパイプライン（グリーンストリーム）も敷設した。

　リビアは、新興諸国との関係も重要視し、対アフリカ全体へと視線を広げていった。一九九七年、アフリカ統一機構サミットにおいて、アフリカ諸国がリビア支援を表明してくれたことも関係がある。これにより一九九八年、カダフィは、サハラ砂漠中央に位置するサヘル国家共同体[24]を創設、その運営費の三分の二はリビアが負担していくこととなった[25]。国内では、一〇〇万人とも二〇〇万ともいわれるアフリカ系外国人出稼ぎ労働者が流入しており、リビアとアフリカの関係は、経済関係のみならず人的関係も強化されつつあった[26]。革命政権は終わりを告げたが、アフリカ諸国との連携・協力を推進し、アフリカ統一によるリーダーシップを発揮することによって求心力を維持しようとしたのであった。

3 部族と「宮廷」政治

リビアの面積は一七六万㎢（日本の約四・六倍）である。国土の九〇％以上が砂漠でこの広い国土を結びつける交通手段は、幹線道路しかない。リビアには鉄道がなく、リビアの二大都市である首都トリポリとベンガジの交通手段ですら、人の移動や物流はもっぱらこの幹線道路か空路に頼る他ない。

このため、東部キレナイカの住民は、エジプトとの距離を近く感じていて、交易もエジプトとの間で密接である一方、西武トリポリタニアの住民は、チュニジアを玄関とするマグレブ文化、そしてヨーロッパ文化に密接である。トリポリタニアでは、食文化もチュニジア、アルジェリア、モロッコで好んで食べられる伝統料理クスクスが人気だが、東側では、それほどメジャーな食べ物ではない。エジプト西部を移動すれば、キレナイカからの旅行者が多く、チュニジア南部を旅行すれば、高速道路を走るトリポリからの車両が多く走っていることがわかる。

社会を構成する部族も西部と東部という地理的隔たりに影響を受けるかのごとく異なっている。リビアは部族社会であり、一四〇ほどの部族がいるとされている[27]。そのうち有力部族として二〇～三〇部族があるといわれている。しかし、カダフィ革命当初は、イドリス時代に各部族が権力と結びつき私服を肥やしていたこと、またカダフィ自らがカダファ族という一〇万人ほどの小さな部族出身であり、部族社会が邪魔な存在でしかなかったこと、また何よりも自らが掲げる「直接民主主義体制」にそぐわなかったことから、イドリス国王時代に重用されていた部族を政治中枢から遠ざけた。そして官僚や行政官への登用を部族ベースから見直すこととしたため、革命後の七〇年代初頭には各部族が政治的役割を果たす機会を封じた。

しかし、一九七〇年半ば以降は、一〇〇万人を擁する最大部族のワルファラ族、第二位の規模のマガルハ族を無視して安定した政権運営は難しく、一転して両部族との連携を模索し、政府高官や治安関係に登用したり、石油収入を傾斜配分して同部族の居住区を優遇するなどインフラ整備に力を入れるなどして配慮した(マガルハ族は、ロッカビー事件で有罪を宣告されスコットランドで服役していたアブデルバセット・アル・マグラヒの出身部族である。その背景があったことから二〇〇九年八月、同氏の帰国が実現したのであった)。

多くの住民が都市居住者となっている現在、部族社会の縛りは、リビアのほとんどの人口を擁する沿岸都市部より地方の方が、また、西部よりも東部の方が強い。また東部の方がイスラーム教の教義をより重要視している傾向がある。前述したイタリアによる支配に抵抗して絞首刑となり、現在でもリビアでは抵抗のシンボルとして崇められている導師ウマル・アル・ムフタールも東部の中都市トブルクの近郊ジャンズールの生まれであり、また、そのイスラーム教団「サヌーシー教団」も東部に多くの支持者を抱えていたことも背景にある[28]。近年では、既述したイスラーム原理勢力であるリビア・イスラーム戦闘集団（LIFG）もこの地域を拠点としている。

東部で反体制派が活動する土壌はカダフィのお膝元トリポリより整っていたといえる。二〇〇六年二月、イタリアのカルデロリ制度改革相がニュース番組に預言者ムハンマドの風刺漫画が描かれたTシャツを着て出演したことが反発を呼び、ベンガジの住民がイタリア領事館に放火した騒ぎがもととなって一一名が死亡する事件も起こっている[29]。ベルルスコーニ首相はただちにカルデロリ氏に辞職を求め、カダフィと電話会談を行って事態収拾に乗り出す一方で、リビア政府も行き過ぎた治安部隊の制圧行動を指示した公安相の責任を取らせるという事態となった。この時の暴動は、実はイスラームを冒瀆されたことに対する怒りもさることながら、実際には反体制派勢力の不満が政府への抗議行動となって噴出したものとされている。既述したように政府はベンガジ地方の反体制派勢力にこれまで弾圧を続けてきた。東部を本拠とするズワイヤー族、アル・アワキール族、オベイダ族はいずれも反カダフィ派で、チュニジアとエジプトで起きた市民革命の余波を受けて、これら部族の出身者からなるベンガジ市民がすぐさま呼応したのは、こういった事情が背景にあったといえよう。

ところで国際社会に復帰してからは、既述したように同国最大部族のワルファラ族、自身の出身

カダフィ家系図 http://www.bbc.co.uk/news/world-africa-12531442 の画像を一部修正

部族であるカダファ族などの有力部族と連携し、治安対策として密告制度を整備して体制強化を図ってきた。

一方で、カダフィは、次男セイフルイスラームを、カダフィ国際慈善基金総裁に、三男のサアーディは、リビアを代表するサッカー選手であり、リビア革命揺籃の地である、アブー・カンマーシュ・ズワーラ地域（チュニジア国境に近く）の開発長官に充てるなど、カダフィは、自らの政権を家族と、ごく少数の側近で固め、「宮廷政治」を展開してきた。

直接民主主義に名を借りたカダフィ家による独裁体制が音を立てて崩れ始めるのにそう時間はかからなかった。

4　民衆蜂起とカダフィ政権の最後

リビアにとって石油収入は、輸出収入の九割以上を占めている。主要輸出先であるが欧州が景気後退に見舞われ、需要が萎み、また石油価格が暴落すると、石油収入は当然落ち込むことになる。リーマン・ショック以前、二〇〇八年の貿易黒字は前年比三七・七％増の四〇三億ドルを記録していた。輸出が七月までの油価高騰により前年比三一・九％増の六二〇億ドルとなったためである。貿易黒字の大幅増を主因として、二〇〇八年の経常黒字は前年比二五・六％増の三六六億ドルであった。しかし、リーマン・ショック以後の二〇〇九年は原油価格が前年比低下したこと、主要輸出先である欧州の需要が減少したことから、輸出が前年比三九・五％減の三七五億ドルと激減した一方、輸入は同六・〇％増の二三〇億ドルとなったことから、貿易黒字は前年比六四・〇％減の一四五億ドルとなった。経常黒字は、貿易黒字の大幅減を主因として前年比七二・六％減の一〇〇億ドルと大打撃となった（表）。二〇〇八年の成長率は三・八％に低下した。二〇〇九年は、引き続き欧州を中心として石油需要が伸び悩む中、石油生産量がさらに減少したため、炭化水素部門の成長率は大きく落ち込んだ。その結果、経済全体の成長率は一二・三％とマイナスになった。一〇年は石油生産の回復等により、成長率は、四・二％まで回復していたものの、財政出動で不満を抑えるには時期を逸した[30]。

インフレによって市民生活も圧迫するようになっていった。リビアでは、輸入制限、価格統制および補助金により、物価が人為的に低く抑えられてきた。しかし、二〇〇三年九月の経済制裁解除以降、政府は輸入自由化を徐々に進めており、輸入品価格が物価に影響を及ぼすようになった。米、砂糖、お茶、パスタ類、ガソリンはすべて供給公社による価格統制下にあり、市場価格から隔絶していたものの、軒並み上昇し、消費者物価指数（ＣＰＩ）は、二〇〇七年、高成長に伴う内需拡大もあって、前年比上昇率は六・二％、二〇〇八年は燃料および電力に対する補助金の削減に加え、

	99	00	01	02	03	04	05	06	07	08	09
経常収支	2,136	7,740	3,683	117	3,642	4,616	14,945	22,170	28,510	35,702	9,381
貿易収支	2,974	9,379	6,160	2,443	7,464	8,657	17,675	24,254	29,269	40,292	15,053
輸出	7,276	13,508	10,985	9,851	14,664	17,425	28,849	37,473	46,970	61,950	37,055
輸入	4,302	4,129	4,825	7,408	7,200	8,768	11,174	13,219	17,701	21,658	22,002
サービス収支	−930	−723	−850	−1,143	−1,155	−1,477	−1,815	−2,075	−2,556	−4,136	−4,678
所得収支	311	−429	−899	−404	−994	−55	−281	−595	2,017	586	578
移転収支	−219	−487	−728	−779	−1,673	−2,509	−634	586	−219	−1,040	−1,572
資本収支	−1,045	−149	−977	89	−167	−238	392	−4,731	−9,542	−21,039	−5,185
対外直接投資	−226	−98	−175	136	−63	−286	−128	−474	−3,933	−5,888	−1,165
対内直接投資	−128	141	133	145	142	357	1,038	2,064	4,689	4,111	1,711
証券投資	−3	−706	−1,359	72	−607	−187	−393	−5,198	−1,440	−10,964	−3,352
誤差脱漏	−403	−1,133	−1,413	72	−459	1,733	−1,497	2,008	1,076	−1,715	993
総合収支	688	6,458	1,293	278	3,016	6,111	13,840	19,447	20,044	12,948	5,188

リビア 国際収支 1999－2009年（百万ドル） Libya, *International Monetary Fund : Direction of Statistics Yearbook*, 2003, 2007, 2011 から筆者作成

国際的な商品価格の上昇もあって、同一〇・四%に達していた。

リビアは、チュニジア、エジプトに挟まれた国である。一九九〇年代の国連経済制裁中、リビアは、チュニジアとエジプトへ伸びる幹線道路を整備し、両国から生活物資を輸入していた。人、モノ、カネの移動は、国境をいとも簡単に越えて流入・流出し、リビアの国民生活を支えていた[31]。独裁政権を倒した「アラブの春」がチュニジアとエジプトに訪れた時、国境を封鎖し、民衆蜂起の波を遮断することなどできなかったのである。

二〇一一年二月一五日、リビア東部キレナイカの都市ベンガジにて暴動が発生し、警官を含む三八人が負傷した。すでに述べたように、ベンガジ市民は、カダフィに弾圧されていた土地でもある。翌一六日、少なくともベンガジ近郊で五名が死亡と報じられた。政府はデモ沈静化のため、同日、トリポリ近郊のアブ・サリム刑務所に収容されていたLIFGのメンバー一一〇人を釈放した[32]。しかし、一七日、「怒りの日」としてデモが複数の都市に拡大、この日から政府は傭兵を投入しているとの情報が流れ、一八日には、現地アムネスティ－インターナショナルの情報とし

て少なくとも四七名が政府当局によって殺害されたと伝えられた。二一日には、首都トリポリにまで飛び火し、数千人に膨れ上がった反政府デモに対し、戦闘機やヘリコプターによる機銃掃射による事実上の自国民への無差別虐殺が始まった。

EUは制裁へ向けて協議を開始、オバマ大統領も、国連と協議することを約束した[33]。二五日、カダフィと長年の同志であったシャルガム大使が国際連合にて非難演説を行い、各国に対して無辜の人民を救うよう涙ながらの演説を行い、国連安保理でのリビア制裁案を支持することを表明した。また同日、ジュネーブ国連機関に勤めるリビアの外交団がカダフィ政権との決別を表明し市民側につくことを発表、またアラブ連盟の外交団、インド、中国、アメリカ大使なども同様に離反を表明した[34]。二六日には、アメリカ政府がカダフィなどリビア政府の幹部がアメリカ国内に所有する資産を凍結する制裁措置を発動、国連安全保障理事会も同日夕刻、最高指導者カダフィ大佐や家族らに渡航禁止や資産凍結などを科す制裁決議案を全会一致で採択した[35]。

カダフィ政権による反政府デモ弾圧に反対して辞任したアブドルジャリル前司法書記が、二七日、東部ベンガジで暫定政府の樹立に着手、三月五日には、反体制派拠点組織「国民評議会」が正式に発足した。ただちに欧米諸国に支援を要請した。

このような動きを受けて、一七日、国連安全保障理事会は、カダフィ政権による市民弾圧阻止のため、飛行禁止区域を設定、一九日、アメリカ、イギリス、フランス、カナダ、イタリアは、国連安全保障理事会決議に基づくリビアへの対地攻撃を開始した。巡航ミサイル一一二発がリビアのカダフィ派軍事拠点、軍関係施設に向けて発射された[36]。

三月二七日、北大西洋条約機構（NATO）は、加盟二八ヵ国の大使級会合で、対リビア軍事介入の指揮権を英仏などとの多国籍軍を率いる米軍から完全に引き継ぐことを決定し、ラスムセン事務総長は、カダフィ政権の攻撃から市民を守るために、NATOが飛行禁止空域の確保・維持だけでなく、対地攻撃や海上封鎖の指揮権も担うと明言した。作戦名称も「ユニファイド・プロテクター作戦」となった[37]。新たにブルガリア、ルーマニア、トルコ、スウェーデン、ヨルダンが作戦に加わり、計一八ヵ国から戦闘機三〇〇機以上が結集し、イラク戦争の規模を上回る陣容となった。

毎日五〇ヵ所以上への空爆が続き、膠着状態に陥る中、四月三〇日、カダフィ六男アルアラブと孫が空爆で死亡したと報じられた。五月一九日、オバマ大統領が中東政策に関する演説でリビアの民主化に一層の努力を傾けることを明言するなど、カダフィ政権は次第に追い詰められていった。七月一五日、アメリカは国民評議会を正式なリビア政府として承認、二七日にはイギリス政府がこれに続いた。八月五日、カダフィ七男ハミスが爆撃により死亡したと報じられた[38]。

八月二〇日、反体制派勢力がトリポリに進攻、二三日、カダフィの居住区で軍事施設もあるバーブ・アジジアを制圧、四二年続いてきたカダフィ政権が崩壊した。トリポリの大半を制圧した反カダフィ政権の部隊は、行方不明となっているカダフィの捜索を継続している。また、六〇〇〇人以上の志願兵がトリポリに到着したと報道されている。現在カダフィの故郷シルトや幼少期を過ごした南部の要衝セブハなど、カダフィ氏を支持する部族の勢力が強い都市でも抵抗が続いている。

二六日、NATOは、地上からシルトへの進軍を狙う反カダフィ派の部隊を援護する目的のため、シルトを空爆、これにより、武器を積んだ車両二九台が破壊された。また、カダフィ側の軍の指揮拠点施設に精密誘導ミサイルを撃ち込んだ。シルトへの空爆についてフォックス英国防相は「カダフィ側につく軍の攻撃能力をゼロにするまで続ける」とBBCに語った[39]。

おわりに

どのような物事、どのような人物でも善悪をつけることは難しい。しかし、カダフィほどその評価が決まっていた人物はなかったと思う。リビアはこれまで、カダフィの思想が反映された特異な体制づくりが進められてきた。それが一八歳以上の国民すべてが直接国政に携わるという政治システム「ジャマーヒリーヤ＝直接民主主義体制」であった。しかしながら人民大衆（ジュムフール）の究極の集合体であるジャマヒール（ジュムフールの複数形）による支配体制とは、カダフィ以外誰一人として権力を握ることができない、独裁政治システムに他ならなかった。

近代国家機構に備わっている行政機構、法制度、市場経済など、いずれもが皆無といってよく、一から創り出していく必要がある。まず国家再生へ向けて、武器・弾薬を回収し、警察による治安の改善が再始動の第一のステップとなろう。その後、議会制度や官僚機構の整備、選挙制度の導入、マスメディアの機能回復などを進めていかなくてはならない。

平穏だった頃のトリポリ中心部「緑の広場」。今は「殉教者広場」となっている。奥にみえるカダフィの肖像画は今はない（筆者撮影）

たとえば論客ファーリド・ザカリアは、立憲的自由主義と民主主義を分けて議論するべきであるとしている。まず人権の保障が宣言された法にしたがって権力分立を原理とする統治システムである立憲主義を確立することが先だと述べる。法の支配のもと、個人の権利（言論の自由、所有の自由、信教の自由）が守られ、真の対話を可能にし、責任ある市民社会を醸成する。それはまた、政治の操作から独立した司法制度と広範な政治改革を要求する。これが政治的自由と民主化を達成する上で重要な条件となると主張している。筆者もザカリアの考えに賛成である。ザカリアの考えに付け加えるとするならば、新しい国家建設は、これまで国家の中枢を担ってきた元官僚、海外流出組、各部族の代表、そして私利私欲に汲々としない市民の代表がいかに手を携えていくことができるかにかかっているといえる。そして、武力介入を行ってきた国際社会も最後まで側面支援していくことが求められる。

二〇一一年八月三〇日現在、アルジェリアへ向けてカダフィ以外の家族が出国したとの情報もある。五万人が今回の戦闘で死亡か行方不明となっており、死者のうち約半数は、カダフィ支持派勢力によって捕えられていた市民が惨殺されたものだとされている。カダフィに法の裁きを受けさせることはもちろんのことながら、国民和解へ向けて、支持派だった勢力と反体制派勢力の話し合いも進めていく必要がある。ベンガジを拠点とした反体制派の中核組織である国民評議会のアブドルジャリル議長は、近いうちにトリポリに拠点を移し、カダフィ政権に代わる新たな政権基盤作りを進めていく模様である。

《注》

[1] http://www.nato.int/cps/en/natolive/news_71994.htm [2011/08/23]

[2] Delphine Perrin, La politique juridique exterieure de la Libye, Olivier Pliez (dir.), *La nouvelle Libye : Societes, espaces et geopolitique au lendemain de l'embargo*, Editions Karthala, 2004, pp. 21-22.

[3] アメリカのレーガン大統領が就任後（一九八一年）カダフィを「中東の狂犬」と評したのはあまりにも有名である。だが前大統領カーター政権は一九七〇年代末からすでにリビアがPLOをはじめ世界各国の多くの解放組織を支援していること、在リビアアメリカ大使館が攻撃を受けたこと等を理由に「テロ支援国家（state-spon-

sor of terror)」と名指しで非難していた。

[4] OPEC members' values of petroleum exports, 1969-2004, *OPEC Annual Statistical Bulletin*, 2004, p. 13.

[5] Amerada Hess, Conoco, Grace Petroleum, Marathon, Occidental Petroleum

[6] http://www.globalsecurity.org/military/world/libya/petrol. htm［2007/05/21］撤退まで日量四〇万バレルを生産していたAmerada Hess、Conoco、Marathonの三社によるコンソーシアムOasisは、国連経済制裁解除以降リビアに戻って再生産を始めたが、日量一〇万バレルを生産するのがやっとであり、再開発のために今後一〇年間で八〇億ドルの投資が必要だとされた。Nicolas Sarkis, Les perspectives petrolieres libyennes, *Magreb-Machrek*, No. 181, Automne, 2004, p. 60.

[7] Beatrice Chevallier-Bellet, L'economie exterieure libyenne depuis 1969, entre isolement et ouverture, Olivier Pliez（dir.）, *La nouvelle Libye : Societes, espaces et geopolitique au lendemain de l'embargo*, Editions Karthala, 2004, p. 57..

[8] なお、リビアは、首都に爆撃を受けた後、帝国主義に勝利したとして「大リビア・アラブ社会主義人民ジャマーヒリーヤ（the Great Socialist People's Libyan Arab Jamahiriya)」と名乗るようになった。

[9] 一九八八年一二月、パンナム機がスコットランド・ロッカビー村上空で爆破・墜落した事件。

[10] 一九八九年九月一九日、フランス籍UTA機がニジェール上空で爆発・墜落し、フランス人五三名を含む一七〇名が犠牲となった事件。

[11] Libyan Islamic Fighting Group : LIFG

[12] Islamic Martyr's Movement : IMM

[13] Jon B. Alterman, Libya and the U. S., The Unique Libyan Case, *Middle East Quarterly*, Winter 2006, p. 26. 一九九八年五月三一日、エジプト訪問中にカダフィ暗殺事件が未遂に終わっている。

[14] Mohamed Eljahmi, Libya and the U. S. Qadhafi Unrepentant, *Middle East Quarterly*, Winter 2006, p. 15. これにより罪を犯した者の属する家族全員、地区、町まで刑罰が適用されることになった。

[15] *Popular Protest in North Africa and the Middle East (V): Making Sense of Libya*, Crisis Group Middle East/North Africa Report No. 107, 6 June 2011, p. 20.

[16] National Front for the Salvation of Libya: NFSL

[17] Libyan League for Human Rights: LLHR

[18] American Libyan Freedom Alliance: AFLA

[19] 詳しくは、拙著『中東・北アフリカの体制崩壊と民主化――MENA市民革命のゆくえ』（岩波書店、二〇一一年）第七章をご覧いただきたい。

[20] BP Statistical Review of World Energy June 2011

[21] Great Man-made River: GMR

[22] Jacques Fontaine, La Grande Riviere artificielle libyenne, *Magreb-Machrek*, No. 170, octobre-decembre 2000, pp. 60-65. GMR計画とは、一九八四年に発表された砂漠を緑化するための人工大運河計画であり、ジェファラ地帯の化石地下水を、パイプラインによって地中海沿岸の農地まで流送するものである。当初GMR計画により、新たに五〇万haの農地が創出できると見込まれたが、これまで中央部のフェザーンからトリポリまでの流送が実現しているものの、実際には流送される水のほとんどが都市部への飲料水として供給され、砂漠（土

漠）の農業地転換・灌漑巨大プロジェクトは未完成に終わっていた。

[23] http://libya.usembassy.gov/about.html [2011/01/30]

[24] Community of Sahel-Saharan States：Comessa

[25] Said Haddad, La politique africaine de la Libie：de la Tentation imperiale a la strategie unitaire, *Magreb-Machrek*, No. 170, octobre-decembre 2000, p. 35.

[26] Ibid., pp. 36-37. 国内で活動する大量の外国人労働者とリビア政府との間でこれまで問題がなかったわけではない。経済制裁下の一九九五年には数十万人（スーダン人だけで三〇万人）が国外退去処分になった。それ以前にもチュニジア人やエジプト人が退去処分にあっているが、いずれも外交問題のこじれが発端であり、これだけの規模のものはこれまでなかった。経済制裁下にあって政府は神経を尖らせていたこともあろうが、実際は麻薬やエイズ、売春などの一掃政策の一環として退去処分になった、とされている。

[27] Libyan Tribal Map：Network of loyalties that will determine Gaddafi's fate, http://www.asharq-e.com/news.asp?section=3&id=24257 [2011/08/10]

[28] 教団は、始祖サヌーシーが一八四三年、キレナイカの沿岸部のほぼ中央アルベイダ（al-Baida）にアルジェリアから居を移して学校を開いたのが始まりとされている。

[29] http://edition.cnn.com/2006/WORLD/africa/02/17/libya.cartoons/ [2011/08/11] 二〇〇五年九月にデンマークの新聞社が預言者ムハンマドを風刺したことがイスラーム社会の猛反発を呼び、リビアでもデンマーク大使館に対する抗議デモが起こるなど、最も敏感な時期だった。

[30] http://www.imf.org/external/pubs/ft/scr/2009/cr09294.pdf [2010/08/23]

[31] 詳しくは、『中東・北アフリカの体制崩壊と民主化――ＭＥＮＡ市民革命のゆくえ』（岩波書店、二〇一一年）第七章を参照のこと。

[32] http://af.reuters.com/article/libyaNews/idAFLDE71F0FG20110216 [2011/04/23]

[33] http://af.reuters.com/article/libyaNews/idAFN2317024120110223 [2011/04/23]

[34] http://af.reuters.com/article/libyaNews/idAFLDE71O20V20110225 [2011/04/23]

[35] http://af.reuters.com/article/libyaNews/idAFN2616025320110226 [2011/04/23]

[36] http://af.reuters.com/article/libyaNews/idAFLDE72H00K20110319?pageNumber=3&virtualBrandChannel=0 [2011/04/23]

[37] Operation Unified Protector, http://www.nato.int/cps/en/natolive/71679.htm [2011/05/24]

[38] http://af.reuters.com/article/libyaNews/idAFL6E7J50L920110805 [2011/08/12]

[39] http://www.reuters.com/article/2011/08/25/us-libya-gaddafi-nato-idUSTRE77O1SX20110825 [2011/08/27]

5章　都市の力、国家の力

―シリア・アレッポから「民衆革命」を考える―

慶應義塾大学総合政策学部教授　奥田　敦

1　世界で一番安全な場所

ダマスカスと肩を並べる北シリアの大都市アレッポの中心に位置するアレッポ城。周囲を空堀に囲まれた、小高い丘の縁に楕円を描くどっしりとした城壁を構えている。堀を渡す頑強そのものの石橋を渡り、偉容という言葉がぴったりの城門をくぐって城塞の上に登ってみれば、そこには、大小のモスク、円形劇場、王宮、ハンマーム群、オスマン朝期の兵舎などが今も往時さながらに設《しつら》えられている。城壁の上から見渡せば、そこには約二〇〇万人の人口を抱えるアレッポ市街を一望のもとに収めることができる。

地元の歴史家によれば、この城は、そこにとどめられた痕跡の一つであるヒッタイトの昔にまでさかのぼっても、少なくともその内部は一度も破壊されたことがなく、一九世紀初頭の大地震も一三世紀のモンゴル軍も、内部の破壊にまでは実は至らなかったという。少なくとも四千年の連綿とした歴史を有するこの城塞は、アレッポの中心にあって、アレッポの町とともに生き続けているのである。

この城塞の西側にはアラブ世界の三大スークの一つとして名高いアレッポのスークが続く。その街路は、アラブの街に一般的に見られる迷路状ではない。城から数本の直線によって形成されている。この街路の形が、この一帯は、城塞とともに、四千年、いやそれ以上にわたって同じ場所で生

静かなたたずまいを見せるアレッポ城の城門

アレッポ城から眺めた市街の風影

き続けていることを示してもいる。その一帯を含めて、八つの門に囲まれるのがアレッポの旧市街であるが、その門の中の一つ、地中海へ抜ける道につながるアンタキア門の近くにアレッポ最古とされる場所がある。古い建物を潰してはその上に新しいものを建てていったため、小高くなった場所ではあるが、今も人々の暮らしが営々と続いている。その間、支配者はそれこそ幾度も変わったであろうけれど、とにかくアレッポの町は生き続けているのである。

ここ百年間を見てみても、オスマン朝の支配が終焉を迎えると、植民地主義がやってきて、フランスの委任統治領を経て、シリア・アラブ共和国の独立、その後アサド政権とバアス党の支配と実に目まぐるしく、この町は、支配者という帽子を付け替えてきた。しかし、支配者が去ったからといって、アレッポがどこかへ行くわけではなかったし、支配者が滅んだからといって、アレッポが共に滅んでしまうのでもなかった。

その前の世紀の初めに、オスマン朝の腐敗に対して民衆たちが政府軍に対して三ヵ月以上にわたって戦闘を継続したことがあったが、そこで活躍したのが、イスラーム教とキリスト教という宗教の違いを乗り越えて連帯した「町の人々（アフル・アルバラド）」であったとアレッポの歴史家は証言する[1]。この連帯も、厳しい利益の対立の中でやがて崩壊の過程に置かれてはしまうものの、オスマン朝支配の不正に対して、アレッポの人々が一致して戦ったのである。オスマン朝支配の最後期という時代の狭間に、たとえ一瞬であったとしても顔をのぞかせたのが、アレッポという都市とその民衆たちの存在だったのである。

イブン・ハルドゥーンの指摘を待つまでもなく、支配者の命は、たとえそれが、帝国など国家という形で体制化されていたとしても、限りがある。世界に現存する都市として最古の一つといって過言ではない、四千年、五千年というアレッポの歴史を顧みたとき、この町の上に咲いた支配者という花の何と儚いことよ。民衆を締め上げようが、あるいは民衆におもねろうが、結局アレッポを道連れにすることはできなかった歴代の支配者たち。そこにわれわれは、アレッポという都市の生命力を見出さないわけにはいかない。幾多の争いや混乱にもかかわらず、こうして力強く生き続けるアレッポ。この町の住民たちは、シリア人であることよりも、アレッポ人であることに誇り高き帰属意識を持つ。それは、この町が、そこに住む民衆たちに対して、それを支配する国家ではとても与えることのできない大きな安らぎをもたらし続けているからなのではなかろうか。

2　神に祝福された土地

さてアレッポの位置するこの一帯、すなわちビラードッシャーム（シャームの国）は、ヤマン（イエメン）とともにアッラーによって祝福された土地である。聖預言者は「アッラーよ。われらを北（シャーム）と南（ヤマン）で祝福し給え」と言ったと伝えられる（正伝ブハーリー「雨乞いの祈りの書」他）。旧約聖書においても「乳と蜜の流れる地」（ヨシュア記五：六）と称される肥沃な地域であり、アレッポの城塞の中には、アブラハムがウルからの移動中に立ち寄って牛の乳を搾ったとされる場所があり、この「牛の乳を搾る」という言葉がアレッポの名前の起源であるとされるほどである。

しかしながら、この地域が、まったく血塗られることに無縁であったかといえば、それは違う。モーセの従者であったヌンの子ヨシュアにヤハヴェは次のように言ったとされる。「私の僕《しもべ》モーセは死んだ。今あなたは立って、このすべての民とともにこのヨルダン河を渡り、わたしが彼らイスラエルの子らに与える土地に入るがよい。私がモーセに語ったように、あなたがたの足の裏が踏むすべての場所があなたがたのものとなる。荒野とこのレバノン山から、大河なるユーフラテス河まで、ヘト[2]の全地を含む多いなる西の海に至るまでがあなたがたの領土になるのだ。あなたが生きている間、誰一人としてあなたに立ち向かえる者はない。私がモーセと共にいたように、私はあなたと共にいる。私はあなたを見はなさず、見棄てない。強く雄々しくあれ。私が彼らの先祖たちに与えると誓った地を、あなたがこの民に嗣がせるからである。(後略)」(ヨシュア記一:一-六)。

さらに、ヤハヴェは、強く雄々しくあること、律法を守り行って、右にも左にも逸れないこと、律法の書を昼も夜も口ずさみ、そこに記されていることをすべて守ることを命じ、そうすれば、「あなたの行く道であなたは栄え、勝利を収めることになるからである」という(ヨシュア記一:七-九)。ヨシュアは、ヤハヴェが与え嗣がせてくれる土地を所有するためにヨルダン河を渡る出立の命令を民たちに出す。民たちは、「あなたの口から出る言葉に逆らい、あなたがわれわれに命じたその言葉に聞き従わない者は、誰であれ殺さなければなりません」と答えたのである(ヨシュア記一：一八）。

かくしてヨシュアの軍勢は、すでに二人の斥候に探らせておいたエリコの町へ鬨の声をあげて突入し、町を攻め取り、「町にいるすべてのものを、男から女、若者から老人、また牛、羊、ろばに至るまで、剣の刃にかけて聖絶した」のである。聖絶とは、単なる殺害ではなく、殺すことによってヤハヴェへの信仰に入らせる儀式的行為である。皆殺しの戦争を聖戦として正当化する理屈の核をなす。さらに彼らは、略奪した、銀と金、それに青銅と鉄の器だけはヤハヴェの家に収めて、町とその中のすべてのものを火で焼き払った。殺戮と破壊の限りを尽くすと、ヨシュアは誓って言う。「このエリコの町を再び建てる者は、誰であれ、ヤハヴェの前に呪われよ。自分の長子を代償に基を据え、末子を代償に城門を立てることになろう」（ヨシュア記六：二六）

エリコに続けてアイを征服していくが、そこでも同じことが起きている。ヨシュアは、アイの全住民を聖絶するまで槍を差し伸べた手をもとには戻さなかったのである。またアイを焼き払い、永久の廃墟の丘となし、今日に至っている（ヨシュア記八：二六－二八）。またヨシュアは、アイの王の死体を夕方まで木にかけ、太陽が沈むとそれを降ろさせて、町の門の入り口に投げ捨ててその上に大きな石塚を築き、今日に至っているともされる（ヨシュア記八：二九）。

こうしてヨシュアとその軍勢は、ヨルダン河東岸の二人の王とその土地、ヨルダン河西岸の三一人の王とその土地を完全に殺戮、征服した。そしてこれらの土地は、イスラエル全一二部族に分け与えられたのである。ヨシュア記が伝えてくれるのは、この地域には血塗られた歴史があること、住民もろとも完膚なきまでに滅ぼされた幾多の町があるということである。アレッポが位置する場所は、イスラエル王国の直接的な版図からはやや北にずれてはいるものの、ユーフラテス河までの範囲内ではある。旧約聖書の時代のこうした大惨事を振り返るにつけ、アブラハムの昔より、同じ場所に町が営々とあり続けていることの重みは、いくら強調してもし過ぎではないように思われる。

3 暴力機械としての国家

やがて年老いたヨシュアは、長老、長、裁き人、役人を呼び寄せて、訣別の言葉を述べる。「もしあなたがたが（ヤハヴェの命令から）離れ去って、まだ征服されずにあなたがたの許に残っているこれらの国民につき従い、彼らと婚姻関係を結び、あなたがたが彼らと混じり合い、彼らがあなたがたと混じり合うならば、あなたがたは承知しておかなければならない。あなたがたの神ヤハヴェはもはやこれらの国民をあなたがたの前から追い払うことはなく、彼らはあなたがたを陥れる罠となり、落とし穴となり、あなたがたのわき腹を撃つ鞭となり、また、あなたがたの目にささる刺《とげ》となる。そして、あなたがたはあなたがたの神ヤハヴェがあなたがたに与えたこの良き地から消え失せるに至る」（ヨシュア記二三：一二－一三）

この警告にもかかわらず統一イスラエル王国は、南北に分裂し、紀元前五八六年に南王国であるユダ王国が滅びると、イスラエル王国は滅び、王族以下すべてのユダヤ人たちはバビロンへの移住を強いられる。時代は下るが、中世期においてこの一帯に暮らしていたユダヤ人たちは、イスラーム諸王朝のもとで「庇護民」としての地位を与えられ、イスラーム教徒、キリスト教徒たちとの共存を果たしていた。後ウマイヤ朝の後も、アラブ系の王朝が続いていたアンダルスでの共存ぶりはよく知られている。アレッポの町にも、今に至るまでシナゴーグがあり、当時は、金曜日にはイスラーム教徒の、日曜日にはキリスト教徒の、そして土曜日にはユダヤ教徒の集団礼拝がそれぞれ行われ、金曜日と日曜日には大規模な市も立ったという[3]。

これに対して、ヨーロッパにおけるユダヤ人あるいはその社会の孤立ぶりは、これもまたよく知られている。ユダヤ人たちは、ヨーロッパ各国でゲットーと呼ばれるユダヤ人専用の強制収容街区に押し込められ、劣悪な生活環境の中で、伝染病や飢餓による死に日常的に晒されたのである[4]。そうした状況を受けて一九世紀末に登場するのがシオニズム運動である。シオンの丘にユダヤ人国家をというその主張は、紆余曲折を経て、一九四七年に国連のパレスチナ分割決議、そして一九四八年にイスラエル建国という形で実を結ぶ。第二次世界大戦中にヨーロッパのユダヤ人は、アウシュビッツなどの強制収容施設に送り込まれ、皆殺しにされてきた。ナチスドイツによるホロコーストの犠牲者は、六〇〇〇万人を超える[5]。こうしたあまりに残酷な現実に向き合わされていたこともあり、イスラエルへの移住は一挙に進んだ。アラブ諸国に居住していたユダヤ人たちも、イスラエル建国を受けて、第三国を経由するなどして、イスラエルへの移住を果たしたのである。

ユダヤ人国家の建国、その後の入植地の拡大は、もともとその土地に住んでいたアラブ人たちには、寝耳に水でしかなかった。イスラエル軍事組織からの攻撃に晒され、あるいは攻撃を恐れて、着の身着のままに自宅から逃げると二度とそこに戻ることはできなかった。数千人が虐殺され、七〇万人から八〇万人が難民になったとされる。いわゆるパレスチナ問題の発生である。イスラエル領内に取り残された形となったアラブ人たちには、受難の歴史が始まった。ガザとヨルダン川西岸というアラブ人用のゲットーに押し込められ、劣悪な生活環境の下、苦汁をなめさせられているのである。

イスラエル人からすれば、ヨシュアの時代の栄光の復活であろうし、パレスチナに住んでいた人々からすれば、ヨシュアの時代の悪夢が再現している格好である。いずれにしても、アッラーに祝福されているはずの土地に、血の臭いが立ち込めてしまっているのである。

ドゥルーズとガタリは、戦争機械について、それを国家装置に還元することは不可能であり、あくまでも国家にとっては外部的なものとしたが[6]、国家的なるものの枢軸をなす支配者と法の魔術が剝がれ落ちるような状況にあっては、外部的なものとばかりはしていられない。国家とは、少なくともそのある時期は、戦争機械と化し、あたかも機械的に戦争を行う。イスラエルのパレスチナ人に対するそれだけではない。アラブ諸国もまた幾度もイスラエルと戦いを交えているし、いや日本にしても、米国にしても戦争機械であったし、いまだに戦争機械であり続けているのかもしれない。

近代文明には、その発展に軍事化、産業化、情報化という三つの局面があり、国家は、まず軍事化を、そして産業化を、そして情報化を行うという指摘がある[7]。産業化と情報化の間に金融化を入れることも可能であろう。軍事化の過程の国家が戦争機械ならば、さしずめ産業化の過程は公害機械、金融化の過程は負債機械、情報化の過程は監視機械として国家は動き回る。その機械が動くたびに民はいったいどれくらいの犠牲を払わされてきたであろうか。日本を例にとってみれば、戦争による死者は、太平洋戦争だけで兵士、一般市民をあわせて三〇〇万人を超えている。産業化に伴う公害でも、あるいは、交通戦争と呼ばれる交通事故によっても多くの犠牲者を出した。金融危機は、貧富の格差をあらわにし、経済的成功を目標に働くことの虚しさを突き付けた。教育は自己保身と消費の仕方しか教えない。これらのことが要因となって、日本の自殺者は、一三年連続で年間三万人を超えている。国家はいったいどのくらいの生命を奪ってきたのであろうか。さらに言えば、東日本大震災に伴う原発事故は、国策としての原子力政策の推進と、管理の甘さに起因する部分を否定することはできず、国家による災難であるという側面も否めない。こう考えてみても、国家は、人の生命も財産もほしいままにする暴力機械であることがわかる。

人の生命を生かしまた殺すのは、一人アッラーのみであるはずなのだが、実は国家が、それが本来的に備えている暴力性によって、生命に対して脅しをかける。人間はこの手の脅しに非常に弱い。国家の暴力性にすっかり支配されてしまうのである。

今回の民衆の動きに対して、シリアなどでは政府軍が国民に対して銃を向け、実際に政府軍の攻撃によって死者が出たとの情報が世界を駆け回っているが、シリア政府の暴力性もまた、戦争機械であるのみならず、公害機械、負債機械、監視機械としても同時に作動してしまったとするのであるならば、政府軍の動きがなかなか収まらないことの理由の一端を見出すことができよう。独裁制であることや、独裁者個人の性格に暴力をやめない国家の狂気の原因を求めようとしがちではあるが、たとえそれがある程度民主的に選出された代表による組織的な支配であっても、近代化の過程で国家が自国の内外を問わず奪ってきた生命、犯してきた罪を考えれば、ここに良し悪しを分けることは難しいのではなかろうか。結局のところ国家の力の本質は生殺与奪の暴力なのであり、都市の力の本質としてのガバナンス力とは、対極に位置するものということができる。

4　遅れてきた革命

二〇一一年三月一九日金曜日、アレッポでは全市をあげて、バッシャール・アサド大統領支援表明の行進に沸いていた。シリア南部の都市ダラアの民衆デモに治安部隊が発砲し死者が発生したことが外国メディアの報道によって世界を駆け回った直後である。チュニジア、エジプト、イエメン、バハレーン、リビアに続いて民主化の波がとうとうシリアにまで及んだと外国メディアは書きたいのである。しかしながら、ダラアの件は、私腹を肥やした知事に対するものなのであって、政府に対するものではない。また、ダラアにはヨルダン国境から過激派が盛んに出入りしていて不安定の要因になっていたというのが、一般民衆の理解であった。「バッシャールは悪くない。体制を転覆しようなどというつもりはない」と、アレッポ大学のキャンパス内でも大規模な支援表明の行進が行われ、国の内外に対して、バッシャール支持をアピールしたのである。

しかしながら、外国メディアはこうした動きをほとんど取り上げない。「今回の行進は、今までの官製行進とは違う。心からバッシャール支持なのだ」と行進参加者は語ったものであるが、その気持ちは世界には伝わらなかったのである。その頃には、政府から公務員の給与の見直しが行われ、暖房費として年間を通じて与えられる手当が一律大幅に引き上げられもしていて、この時点ですでに「もう十分だ。混乱の拡大より、安定を」という声が国民の間にはあったし、体制が崩壊したときの域内政治に与える影響の大きさの懸念もまた一部民衆の間にはあった。

アル・ジャジーラの報道に対する不信感も日に日に増していった。ダラアの暴動を伝えたアルジャジーラの映像が、レバノンのものであるとか、リビアのものであるとか、まったく関係のない交通事故によるものであるとかといったことを、果敢にも実際の映像を使って見せたインターネット上のテレビ局「ドゥンヤーチャンネル」(五月には日本からアクセスできなくなっていた)などもあり、何が事実なのかを見極めることが困難な状況が明らかに生まれていた。

また、バッシャールの父であるアサド大統領のアラウィー派優遇政策に反発しムスリム同胞団の解放区となっていたハマに対して行われ、少なくとも二万人の犠牲者を出した政府軍による空爆の苦過ぎる記憶は、いまだにアレッポの人々にも広く共有されていて、こうした事態に対する政府に対する不信感と恐怖は、反政府的な動きに出ることに対する依然として大きな抑止力になっていた。

その一方でバッシャール・アサドの改革運動も就任後一〇年を経て、一定の評価は得ていたともいえ、三月二九日には、内閣が更迭された。またその日、市内の交通が麻痺するほどの大規模なバッシャール支持表明の行進がアレッポも含めてシリア全土で繰り広げられたのである。翌三〇日には、バッシャール・アサド大統領の議会での演説が行われ、謀略説を強調した以外に具体的内容に欠けていたという恨みは残るものの、体制は国民の広範な支持によって守られているかのように見えた。

しかしながら、その後も反政府活動は散発的にではあるもののシリア全土で継続的に行われた。四月八日にダラアで四一人が死亡する事態が発生。月末には、ダラアへの戦車部隊の突入、ラタキアへの戦車の投入が行われている。五月に入ると、地中海沿岸の都市バーニヤースやホムスで反政府運動が高まり、金曜日ごとに反政府デモが行われ、治安部隊との衝突で、イドリブ、ホムスなどで犠牲者が増えていった。アレッポ大学でも学生たちによる大規模な反政府デモが行われるようになった。ほんの一ヵ月ほど前には、支持派の大行進が行われていた同じキャンパス内で、掌を返したような反政府デモである。月末には内陸のデイルッゾールや、クルド人が大多数を占めるカーミシュリーなどの反政府デモに治安部隊が発砲している。

六月に入ると、ジスルッシュグールでの反政府活動が活発化し、政府軍は掃討作戦を強化、住民約一万人がトルコ国境を越えて難民になるという事態が生じた。その後一二日は、政府軍が制圧した。また、ハマでも大規模な反政府デモが行われ、治安部隊の発砲で三〇人以上が亡くなったとされる。七月には、ハマで大規模なデモが起こり、戦車部隊がハマの町を封鎖した。そのハマを訪問した米仏大使への抗議と見られる、政権支持側の群衆による米仏の大使館を襲撃もあった。これを受けて欧米諸国は一気に態度を硬化させた。クリントン米国務長官は、アサド政権は正当性を失ったと強い非難を行った。

八月に入り、ラマダーン月が始まったが、被害は拡大していった。一日の政府軍によるデモ弾圧では、ハマで一〇〇名以上、全土で一四〇名以上が亡くなったとされる。七日の政府軍によるデモ鎮圧では、デイルッゾールを中心に一般市民五〇名が殺害されたとされる。一四日には政府軍がラタキアの反体制デモを海上の艦船から砲撃し二六名が死亡している。人権団体などによれば、政府軍による一連のデモ鎮圧で、これまでに治安部隊側の四〇〇人を含む二二〇〇人余りが犠牲となったという。なお、シリア政府は一連の流血の事態は武装グループやイスラーム系武装勢力の戦闘員が原因だという主張を繰り返しているという[8]。

もちろんこれらの数字は、関係者の発言をもとにしたもので、確認の術はない。ヴォイス・オブ・ロシアは、ハマを取材した結果として、反政府派が主張するような政府軍による攻撃も、殺害行為もなかった旨を伝えてもいる[9]。実際とはまったく離れたところで、ニュースが現実を作り、その現実がニュースを作り、民衆や世界を振り回すという構図がここにあることには十分な注意が必要である。ニュースという物語ではなくて、もっと根源的な物語が必要なのである。

いずれにしても、こうして、ダマスカスを含めたシリアのほぼ全土にわたって混乱と被害が拡大している中で、アレッポでは、反体制派のデモは行われているものの死者は若干名（うち最初の一名は六月一七日。国営シリアテレビは心臓発作によるものとしている。八月一二日にも一名の死亡情報がある。）[10]にとどまり、それなりの平穏を保ち続けているのだという。ラマダーン月の八月、人々はイシャーの礼拝後、タラーウィーフの礼拝を粛々と行っているという。同じ国内とはいえ、状況に明らかな違いがあるといわざるを得ない。アレッポという都市のあり方、あるいは都市の力を感じずにはいられない。

5 有徳都市について

イスラーム世界における理想都市のあり方については、ファーラービー（西暦八七〇年－九五〇年）の都市論を踏まえておく必要があろう。ファーラービーは、バグダードで学んだ後、七〇歳のときにシリアに居を移したとされる。当時は、ハマダーン朝（八九〇年－一〇〇四年）の君主サイフッダウラの治世で、彼の愛顧を受けて活躍したともされるが、確実な証拠はない[11]。ハマダーン朝の都が他でもないアレッポだったのである。それはアレッポが唯一、首都になった王朝である。ファーラービーは、典型的な理性人であり、実践より理論を、宗教より哲学を重んじた学者であった。その彼が、「哲学者王に統治された有徳な都市の住民の諸意見という形を借りて神から始まる宇宙の全存在者の位階を説明し、次に小宇宙としての人間、さらに理想都市と堕落した都市について考察した」のが、『有徳都市の住民が持つ見解の諸原理』である。

ファーラービーが前提とするのは、社会的存在としての人間である。「人間は、各人が各人のために彼が必要とするところのものを遂行して、協力する多くの人々の集団によってしか、その自然的天性（フィトラ・タビアイーヤ）の創造の目的である完全性を獲得することができない」[12]とする。社会には、大きな完全社会すなわち居住可能地域全体に広がる社会、中程度の社会すなわち居住可能地域の一部に広がる民族共同体（ウンマ）、そして小さな完全社会すなわち任意の民族共同体の領域の一部にある都市の住民の社会の三種類がある。その中で、最高善と究極的な完全性は、まずは都市によって獲得されるとする。もちろん、すべての都市が幸福を獲得できるわけではなく、「人々の集合によって真の意味での幸福を獲得するための諸物に対して協力が意図されている都市」[13]すなわち有徳都市のみにおいて、最高善と究極的な完全性は獲得されるのである。

この有徳都市において、都市のすべての部分は、彼らの行為によって、位階的秩序にしたがって、都市の第一支配者の意図するところを模倣しなければならない。第一支配者には条件があり、幸福への到達を可能にするあらゆる行為を知っていること、自分の知っているすべてのことを上手に表現することによって人々の想像力を喚起することができるような言語能力を持っていること、幸福やそれに到達するための諸行為へと人々を導いていく能力を持っていること、そして戦闘行為を立派に遂行する頑丈な身体を持っていることの四つがその条件である。また資質としては、強く完全な諸器官、話に対する本性的な理解力、把握力、記憶力、頭の回転の速さ、言語表現能力、知的探究心、真実で正直な人を愛し、虚偽や虚偽を好む人を嫌うこと、食欲や性欲、遊戯による快楽に耽溺しないこと、広い心、名誉を愛し、心が低俗な方向の事柄から超越していること、財貨や世俗的な目的を重視しない。正義と正義の人々を愛し、圧制や不正、それらを行う人々を嫌うこと、責務に対する強い決意と勇敢で大胆な実行力といった資質が求められて来たのである[14]。

しかもこうした条件と資質を備えた王は、まさに第一支配者としてのイマームに相応しい。彼は有徳都市の第一支配者であると同時に、有徳な民族共同体の支配者ともなりうるし、さらにすべての居住可能世界の支配者ともなりうるのである。そうしたイマームが登場しさえすれば、全居住可能世界大の社会のつながりも可能となろう。ただし、ここに大きな問題がある。こうした支配者としての資質がすべて備わっている個人は希であり、各時期に一人ずつしかいないとファーラービーはいう[15]。つまり、第一支配者になりうるような人物が同じ時代に多数存在するということはまずないとみておいた方がよいのである。そして、そうした人物が存在しない場合には、こうした支配者やそれに続く人々が制定した法と慣行が採用され確立されるという。哲人政治ではなく、法治国家という考えは、晩年のプラトンと同様である。また、哲学者（ハキーム）であることという条件が満たされていない場合、有徳な都市の王は不在ということになり、その都市は破滅へと向かうとも警告している。

しかしながら、ファーラービーは、有徳都市の住民がいかなるものでなければならないかについては、第一支配者を模倣しなければならないということ以外をいわない。有徳都市の構成員のありようは、身体の諸器官にも似て、全体で一つをなしているが、身体の諸器官が自然的に諸器官として機能するのに対して、有徳都市の構成員たちが都市のために行う行為は、意志的でなければならないという指摘もある。意志的でなければならないことはその通りであるが、有徳都市の一員として意志的に何を行えばよいのかについては必ずしも明記されていない。

正義についても、それが本性的なものであるとはするが、戦いの結果、他の集団を打ち負かした集団が勝者であり、至福で幸福な集団であるとし、征服が正義であるともいう[16]。こうした正義のありようは極めて現世的、物質的である。法についても、第一支配者になるような人物が不在な場合には、彼に類似した人々が制定した法（シャラーイア）と慣行（スナン）が採用され、確立されるとしており[17]、アッラーを立法者とする法（シャリーア）でも、預言者の言行（スンナ）でもない。また、最後の審判において、各人に各人のふさわしいものが見返りとして与えられ、永遠の来世での住処が決まるという、寸分違わぬ実態的清算を背景とする、イスラーム的な正義論は、そのかけらを見出すこともできない。君主あるいはそれを取り巻く人々の条件や、資質の中に、知恵（ファーラービーの言葉では哲学）にかかわるものはあっても、宗教にかかわる直接的な言及がないところからもそのことはわかる。したがって、ファーラービーの理想都市についての立論は、都市の力というよりむしろ、国家の力に属するものであろう。となると、ファーラービーの都市論は、むしろ理想君主論であり、国家論である。都市力を引き出すものというよりも君主論・国家論として読まれるべきものと見ることができる。

6 イバーダートの社会的効用

ファーラービーは、都市の住民たちの誰もが知らなければならないことについて言及していて、①第一原因とその属性の知識、②非質量的諸物とそれらに特別の諸属性、③天界の諸実体とそれらの属性、④自然的諸物体とそれらの生成と消滅の仕方、⑤人間とその発生、⑥第一支配者と啓示の起こり方、⑦第一支配者がいない場合の諸支配者、⑧有徳都市とその住民たち、彼らの霊魂が到達する幸福および有徳都市と反対の諸都市と彼らの霊魂が死後に陥る状態、という八つをあげる[18]。たしかにこれらの事柄は、社会の構成員の行動の基礎に据えられるべきものであり、彼ら一人ひとりが知っておくことは重要である。しかしながら、第一原因の存在と、それを原因とする世界が天界から自然界そして都市の支配者から住民のレベルまで、その認識に終始している感は否めない。これらにもまして知らなければならないことは、これらの存在の元にあるその存在が、人間たちに対して行為として何を命じているのかである。

おそらくファーラービー自身も行っていたであろう、イスラームの五行がこれにあたる。信仰宣明(シャハーダ)、礼拝(サラー)、喜捨(ザカー)、斎戒(サウム)、巡礼(ハッジ)の五つである。これらの行為は、ややもすると個人の信仰行為とみなされがちである。いや、イスラーム教徒の宗教的習慣行為のように思われることも多いのかもしれない。しかしながら、これらはファーラービーの表現を借りれば、天上界、地上界のすべての存在の第一原因からの命令である。第一原因には、天上界も地上界も誰も逆らうことができないのだとすれば、その第一原因からの命令にも誰も逆らえないはずである。つまり、これらの五つは、イスラーム教徒の宗教的習慣行為などではなく、すべての人間に向けられた普遍的な命令なのである。これを第一原因の命令として受け入れたものがムスリムであり、彼らはこの命令に従うが、第一原因の存在に無知であったり、否定したりする者たちは、この命令の普遍性に気づくこともなく、従わないというだけのことなのである。

これら五行は、アッラーと向き合う行為であると同時に、社会とつながる行為でもある。これらの行為の実践は、アッラーへの篤信の現われであるし、アッラーへの篤信を培ってもくれる。それと同時に、地縁、血縁、利益、階層などを超えて社会がつながる契機にもなっている。シャリーアの領域をイバーダートとムアーマラートとに分けた場合、前者はアッラーとの関係において命じられる領域であり、後者は人間同士の関係を律する領域であるということになるが、イバーダートが人間同士のつながりに関係がないのかといえば、それは違う。それらの議論は、イバーダートの社会的効用としてまとめられている。

たとえば礼拝である。モスクでの集団の礼拝において、信者たちは横に列をなす。そこには、さまざまな職業の人、さまざまな境遇の人、さまざまな出自の人が、老若を問わずに横一列に並んで、同じ動作を同時に行うことによって祈るのである。まさに秩序と連帯である。また、集団で祈るときには、宗教的に学識のある者を導師（イマーム）に立てるが、彼はあくまでも礼拝の導き手なのであって、彼が祈られる側に回ることは決してない。全員がキブラつまりメッカの方向に祈るのである。キブラは、個人によると集団によるとを問わず、すべてのイスラーム教徒によって守られている。つまり、礼拝の統一と連帯は、地球大に広がっているのである。なお、礼拝の呼びかけであるアザーンが行われることによって、日々の暮らしはイスラーム的なリズムを刻み、人々はそれを共有する。また、イマームが礼拝中に誤りを犯した場合、後ろで祈る者たちは彼を正すことができる。ここにも、イスラーム社会のあり方が現われている。

また集団での礼拝は、情報の共有、交換の場ともなりうる。金曜礼拝では、その地域の教徒たちが週に一度一堂に会することになる。困窮者の情報がイマームから伝えられることもしばしばである。さらに、金曜礼拝の後には、信者たちがイマームにさまざまな相談事を持ち込むことも多い。

サウムについても同様である。サウムでは飲食を断つことになるが、断食となるとどうしても個人的な修行として捉えられがちである。しかしながら、サウムもまたイスラーム教徒全員によって行われる。現在でいえば、世界中約一六億人のイスラーム教徒が一斉に一年のうちの一ヵ月、イスラーム暦の第九月ラマダーンの二九日あるいは三〇日にわたって行うのである。人間誰しも、食べなければ腹が減るし、飲まなければ喉が渇く。また腹を空かせて食べる食事はおいしいことこの上ないし、渇いたときにいただく水は体中に滲みわたろう。つまりサウムというのは、空腹と渇きという困難と、そこから脱したときの喜びとを一六億人のイスラーム教徒全員で共有しようという行為なのである。人間と人間をつなぎとめるものに、利益、価値観、言語、地縁・血縁、伝統などさまざまあるけれど、サウムでは、人間であれば誰もが感じることのできる人間の身体の根源的欲求の欠乏感と充足感をあえて信仰行為として作り出し、神と人、人と人とがつなぎとめられる。サウムを通してこうした人間としての絆が確認され強化されるのである。

食べない、飲まない、欲望を差し控えるといったサウム期間中の人間の振る舞いは、消極的なものである。積極的な善行が第一義的に命じられるわけではないが、このことによって、多くの人々が参加できることにもなる。また、すべてのイスラーム教徒が、一ヵ月間各自一食を節約すれば、その分は必ず誰かの口に入ることになる。極めて消極的ではあるけれども、誰もが参加できる貧困対策の側面も備わっている。

喜捨は、積極的な行為である。貧者、困窮者に対する定められた割合による施しだからである。施すためには、まず施せるだけの財に恵まれていなければならない。生活必要分の財貨に喜捨が課せられることはない。しかし、余剰分がある場合には、必ずこの施しを行わなければならないのである。稼ぐな、儲けるなという命令ではない。稼ぎ儲けたら、困っている人に回せという命令なのである。余剰分を徒《いたずら》に貯め込むこと、自分のためにだけ使うことが禁じられるのである。こうして施す側と施される側の間に愛情と敬意が芽生え、貧富の差という壁を乗り越えて、人々がつながることができるようになるのである。

ところで、実際に施そうということになると、施す先を見つけなければならない。貧困対策はお国任せの発想では難しいところであるが、困窮者・貧窮者・助けを必要としている者がどこにいるのかについて常に関心を払っている必要がある。つまり社会に対して無関心では、喜捨という義務はこれを果たすことができないのである。この意味でも、喜捨には社会的な効用が見出される。

これらの義務は、国家の命じる義務ではない。第一原因たるアッラーの命じる義務である。ファーラービーの時代も含め、ムハンマドの時代から、いやそれ以前の時代から[19]、連綿と祈り継ぎ、施し継ぎ、ラマダーン月には飲食や欲望を控え継いでいるのである。サイフッダウラであろうと、オスマン朝であろうと、フランスであろうと、アサドであろうと、人々はこれらの行為に「人間の義務として」取り組んできているのである。

人々が気持ちを一つにして、つまり、信仰宣明で、最終的に従うのは、アッラーに対してだけであり、ムハンマドはそのアッラーから遣わされた預言者であることを皆で共有して、祈り合い、施し合い、苦難と喜びを定期的に分かち合えたのであれば、社会は持続していく。たとえばアレッポの町がこのような形で持続していることがその証左となりうる。この意味において、イスラームの五行は、社会のセーフティーネットを敷くための行為とさえいいうるのではなかろうか。

また、人間の義務であるということは、これらが何もイスラーム教徒にのみ向けられたものでないことを意味する。いかなる社会であってもそれが社会として、継続しているのであれば、少なくともこの五つの行いに準じたものをそこに見出すことができるということにもなるし、社会が混乱しているのであれば、五行がきちんとセーフティーネットとして機能しているかどうかから、混乱の解消の糸口が見出せるのかもしれない。

7　アレッポのイバーダート

イバーダートの社会的効用を正面から取り上げ、その実践にイスラーム社会の理想があると指摘したのが、アレッポの現ムフティーのイブラーヒーム・サルキーニー師である[20]。二〇〇五年に前年のメッカに続いて二つ目のイスラーム文化の首都に指定された実績を持つアレッポである。その意味でもイスラームを最も善く実践した町といえるアレッポでは、現在も信徒たちの信仰生活が、決して伝統的な遺産としてではなく、今も社会とともにあって、セーフティーネットとして多分に作用し続けているといって過言ではない。

シリアには宗教警察はない。ないからなのか、ないにもかかわらずかは議論の余地があろうが、金曜の礼拝でも、ラマダーン月の斎戒でも非常によく守られているとみることができる。金曜日は、スークはすべての店がシャッターを下ろしているし、礼拝時には、通りに車の行き来が途絶え、街路では、スピーカーから流れるイマームの説教を聞くことができる。モスクはどこも人であふれ、イマームの話に静かに耳を傾けている。

ラマダーン月のサウムについても同様で、日没の直前ともなると町は完全に静まり返る。そして、日没を迎えると、五〇〇といわれる街中のモスクのスピーカーから、薄暮の静寂をさらに演出するかのように一斉にアザーンが鳴り響く。通りに漏れてくる家々からの灯りの下では、家族が、親戚が、あるいは友人たちが集まって、一日の健闘を讃えあい、無事に断食明けの食事が取れる喜びを分かち合っている。アレッポとの付き合いは、かれこれ二〇年以上に及ぶが、ラマダーン月のサウムをしていないという方に出会ったことがない（余談ながら、それだけに二〇〇九年のラマダーン中に訪れたウズベキスタンでは、筆者自身がラマダーンのサウムをしていること自体に驚かれて、衝撃を受けたことがある）。夜になれば、タラーウィーフの礼拝で各地区のモスクは再び多くの善男善女であふれるのである。

喜捨については、なかなか実態はわからないが、相当な施しの流れがあることは確かである[21]。近親の困窮者・貧困者に直接渡される場合、近親ではないが困窮者・貧困者に直接渡される場合、各街区の世話役的人物の紹介によって直接渡される場合、モスクや有力なシェイフを通じて困窮者・貧困者に渡される場合、慈善団体や慈善活動家を通じて困窮者・貧困者に渡される場合などいくつかのルートがある。

こうした活動で目を引くのは、施す側と施される側をつなぐために奔走している人々の姿である。例えば、ある女性慈善活動家は、施す側のお金が無駄にならないようにと、施される側を選定する際に、経済的に自立の意志がある未亡人の家庭に限り、しかもその未亡人に浪費癖や喫煙の習慣がないことなども確認してから、実際の支援を行っていた。施す先を一七件（二〇一〇年時点）という具合に限定して、喜捨を一回限りの施しに終わるのではなく、きめ細かい自立支援に役立てているのである。具体的には、三名の青年の重度身体障害者を抱える家族に対して、美容室開設のための費用を、技術習得のための学費なども含めて支援するなどがあげられる。

喜捨の原資についても、彼女の活動を知っている人々からの喜捨に加えアレッポにある食料関係の企業から安定した資金が得られるようになっているという。この活動家は、本業の合間を縫って、定期的に施す先を廻ってもいて、一軒一軒の状況もよく把握している。とても忙しいというが、その精力的な活動ぶりにはほんとうに驚かされる。

また、各街区の世話役的人物の地道な活動も見逃すことはできない。どこに生活困窮者がいるか、どの程度の喜捨が妥当なのかなどについて的確なアドバイスを与えてもらえる場合が少なくない。モスクのイマームがそうした役割を担っている地区もある。アレッポの場合、町の南側、東側の郊外の地区を中心に貧困地区が広がっている。政府の貧困対策は十分とはいえないし、喜捨が十分にいきわたっているとも言い難いが、それでも、商人たちをはじめ一般信者も含めて定めの喜捨を払い、それがさまざまなルートを通じて、困窮者や貧困者に送られていく。そこでは地区全体あるいはアレッポ全体で、貧窮者・困窮者を支えていこうという動きを確実に見出すことができる。

イスラーム教徒としての自覚が総じて高い要因として、モスクあるいはシェイフを中心として公式、非公式の学びの機会が用意されていることがあげられる。金曜礼拝の説教の他に、イスラーム諸学の公開講座や勉強会が、一定規模以上のモスクや著名なイマームの元では頻繁に行われていて、一般信者が、年を重ねても学び続けるという雰囲気、あるいはイスラームを学ぶこと自体への敬意が、アサド政権の宗教活動が抑制されていた時期も含めて、一部の信者の間では、よく保たれてきたことも注目しておいてよい。アッラーの存在を信じために学び、その存在が何を命じているのかを知るために学ぶ。そうすることによってはじめて、自分たちがどのように行為することが相応しいかがわかるというものである。

こうした知的雰囲気も手伝って、アレッポは信仰を実践する都市であり続けているのであろう。それは、彼らがアレッポ人である前に、神のしもべであること――イスラーム教徒であろうとキリスト教徒であろうと――を忘れない人々であるということである。ところで、喜捨にかかわる前述の活動は、もちろん国家に命じられたり、国家から手当てをもらったりして行われているわけではない。イスラームの教えにしたがって、イスラーム教徒として、アッラーの満足を求めて行為した結果なのである。こうして実際に行動する人を得るとイスラームは社会を支え、セーフティーネットを敷く教えとして俄然輝きを増す。体制のいかんにかかわらず、こうした富の第二次的還流は、おそらくファーラービーの時代も含めて、行われ続けてきているのであろう。当たり前すぎたためなのか、ファーラービーはこうした宗教的義務の社会的な効用については、言及はしていない。しかしながら、イスラームの教えが、しっかりと実践されることによって、社会は支えられ、都市力が引き出されるのだということを、この時代においてさえ、イスラームの義務の実践は示してくれている。

8　イスラームの民主的性格

さて、このような都市力を持つアレッポの人々が目指す社会は、民主主義なのであろうか。見方によっては、市民社会でさえ実現できていないような、助け合いが町ぐるみで行われているアレッポである。アレッポにもしも民衆革命と呼べるものが起きているとするならば、それは、民主主義を目指しているのであろうか。民主主義とイスラームの関係について整理しておこう。

イスラームは極めて民主的な宗教であるといえば、イスラームの側からも民主主義の側からも大きな反発を受けてしまうであろう。しかし、民主的という言葉を、「民のため」という意味に限定して用いるならば、イスラームは実に民のための宗教なのである。しかもその民は、特定の民を指さない。人類全体という括りでの民である。

もちろん、イスラームの中には、シューラー、イジュマーア、イジュティハードなど、民主制の中にも見出すことのできる概念が用意されている[22]。シューラーとは協議のことであり、イジュマーアとは法源の一つとしての専門家間の意見の一致であり、イジュティハードとは、法の専門家による法発見の努力のことである。シューラーにおいては、話し合いで決めるところが民主的であり、イジュマーアにおいては、人間の側の一致によって法が決まるところから民主的であり、イジュティハードにおいては、これも人間の側からの法発見の努力であるため民主的とされうる。

しかしながら、シューラーにせよ、イジュマーアにせよ、イジュティハードにせよ、これらすべて聖典クルアーンと、聖預言者の言行であるスンナからは決して外れることができない。その意味では、シューラーだけが政治における意思決定の方法ではないし、イジュマーアだけがシャリーアに適った法源ではないし、イジュティハードだけが法におけるルール導出の方法ではない。したがって、これらの三つの概念が用意されているからといって、イスラームは民主的だとはいいえないのである。

イスラームが民のための宗教であるというのは、たとえばユダヤ教がユダヤ人のみの宗教にとどまり、キリスト教が虐げられた弱者のための宗教にとどまっているのとは異なり、特定の民族に限定することも、また特定の状況にある人々を選ぶこともなく、すべての人々に開かれているということがあげられる。またキリスト教が、修道院制をして宗教的な権威と学を集中させてしまったが、イスラームでは修道院制は否定される。教会に権威は必要ないし、一人ひとりに宗教的な教えが浸透することが重要なのである。

イスラームでは、死後、最後の審判を受けて、誰しもが永遠の来世に住むことになる。楽園に行けるのか、火獄に落とされるのかは現世での行為全体の評価によるが、王や支配者だけが天国に行ったり、特定の民族だけが来世に行ったり、富裕層だけが来世に行ったりするのではなく、すべての人が最後の審判を経て来世に送られるのである。最後の審判では、その人が自ら意思して行ったことについてのみ問われる。他人の罪を背負わされることもない。最後の審判において、問い質されるのは、民一人ひとりなのである。この意味においてイスラームは、先行する二つの一神教よりも、優れて民主的なのであるし、一神教の教えとしての進化が、ユダヤ教からキリスト教そしてイスラームが最終的な形態なのであるとするならば、こうした意味での民主化は、宗教の進化の側面から見ても当然のことといえるのである。

一方、当然のことながら民主主義には非イスラーム的な性格がある。端的にいえば、それはアッラーの不在である。民主主義もまたその構成員の良心、倫理、道徳といったものに支えられてはいるものの、それは一重に構成員自身に課せられていて、民主主義自体はそのことを命じることはない。したがって、構成員たる人民の合意による集団の意思決定という民主主義の意思決定のプロスには、アッラーの意志の介在する余地がない。第一原因の意志を訪ねずにものを決めようというのであるから、危なかしいのである。その危うさは、自由民主主義を世界に広めようとする国々からの攻撃に晒《さら》されたことのある民衆には、攻撃した側の民衆より以上に身に沁みているのではなかろうか。国家体制としての民主主義は、人民主権と不可分の関係にあるが、人民主権は多くの場合他国の人民主権とは、国益を挟んで常に競合関係に置かれているのである。自国の人民に主権が置かれている限りにおいて、他国の人民と違いを乗り越えての秩序形成や連帯の醸成は難しいのだといわざるを得ない。イスラームがすべての人々に対する教えであることとは相容れない。

たしかに、独裁制や権威主義ではなく民主主義でというレベルであれば、民主主義の必要性はわかる。しかし、そのことによって民主主義自体が抱える危うさが払拭されるわけではない。結局のところ、民主主義といえども、いつでも「財産や子孫の多さを競い合い」「自らの虚しい願望を神とする者たち」の政体になり下がりかねない。イスラーム的には最悪の選択といえる「アッラー以外を神とする」政体になってしまったのでは、独裁制や権威主義と本質的に変わるところがない。

イスラームの民主的性格が、暴力機械としての国家と結びついた民主制においては、十分に表現されないし、具現化もされないでいるとみておいた方が、より実相に近いのかもしれない。

9　民主制は不正義を正すのか

今回のアラブの民衆革命に共通の要因があるとするならば、それは、政権の不正義に対する異議申し立てである。貧困は、政権の不正義の一つの結果なのであって、貧困自体が、革命への動きの要因になったわけではない。貧困が原因だったとするならば、リビアに革命が及んだ説明がつかない。むしろ、富も権力も正義も暴力も、つまり経済も政治も司法も軍事も、政権側がすべてを握りすぎたことに、今回の革命的な動きのそもそもの要因がある。チュニジアのベン・アリ、エジプトのムバーラク、イエメンのサーレハ、リビアのカダフィ、シリアのアサド。彼らと彼らの取り巻きたちにすべてが集中しすぎたのである。

シリアについても、経済も政治も軍事もあるいは宗教界も含めて、アサド政権の支配、あるいはバアス党支配の中に置かれている。バッシャール・アサド大統領の基本的なスタンスは、父である故ハーフェズ・アサド大統領時代の負の遺産の解消、改革が政治的な目標になっているが、既得権益者と親族による支配、党による支配の中で、実際には身動きの取れない状況である。バッシャールが大統領の地位から引きずりおろした場合、曲がりなりにも進められてきたこれまでの改革は水泡に帰すし、そもそも後継者をどうするのかという問題もある。一方で、政権側は外国勢力の仕業としている政府軍との衝突において、前述のように二千人を超えるとされる死者を出したことの責任は追及されてしかるべきであり、この点で国民からの支持はかなりの部分が離れてしまったと見ることもできる。非常事態宣言を解除し、すべての政治犯を釈放するなど政権側にもそれなりの対応が見られ、事態収束が期待されたが、ラマダーン月に入って事態は混迷を深めているように見え、着地点はなかなか見えてこない。収奪をほしいままにしてきた国家が、暴力機械の本性をむき出しに暴れているといった様相である。シリアで殺し殺されているのが、シリア人同士なのかについても、両サイドに外からの勢力の関与が疑われていて、はっきりしない部分はあるが、いずれにしてもムスリム同士が殺し合うという最悪の事態である。

こうした状況であるからこそ、ここで考えておきたいのが、政権の打倒を目標とする民主化運動のその後である。そもそも民主制がこれらの集中的な収奪を解消して、正義を取り戻すにふさわしい方法なのかという点である。

民主制は、機会の平等についてはある程度実現できるかもしれない。しかしながらわが国の国政選挙を見ればわかるように、一票の重さにさえ格差がある。こうした中で、各人に各人のものをという形の実質的な平等の実現となるといよいよ覚束ない。例えば、東日本大震災の際の原発事故について、国策として進めてきた原子力政策の破綻の直接的被害について、国が十分に償えるのかは定かではない。ましてや、震災で失われた命について、遺族に対して弔慰金を支払うことはできても、亡くなった本人に対して何かができるわけではない。

確かに民主制であれば、暴動や内乱の危機に晒されることは相対的に少ないのかもしれない。しかしながら、選挙対策としか思えないばらまき政策のため国の借金がかさみ財政が破綻に追い込まれ、国民生活から安心・安寧が奪われてしまうのであれば、閉塞感の中にひきこもることしかできなくなってしまう。国にはこの閉塞感を解消してくれるような術はない。

つまり、民主制では、民衆が最も問題視している政権の不正義を正すことはできないのである。この問題が解けない限り、安易な民主化導入は、新たな混乱と混迷を招くことにもなりかねない。単なる民主主義ではなく、イスラーム的な民主主義をという主張の問題意識もこの辺りにある。

正義に適った判断とはいかなるものか。それは果たして多数決によって決められることなのであろうか。そうでないことは、アッラーを信じ、預言者を信じ、復活の日と、最後の審判における寸分違わぬ清算と、来世での永遠の生を信じる一神教の教えの中では明らかである。

前述のようにイスラームには「協議」や「イジュマーア」や「イジュティハード」など人間の側にその委ねられている領域があることは確かである。しかしながら、これらは、個々の事例にきめ細かに対応していくための現実的な手段ではあるが、あくまでも補足的なものである。基本はアッラーが下したものによって裁くことにある。まず従うべきはアッラーであり、次いで預言者なのである。それらが不易不動の法源をなしているからこそ、この法体系は、現実的でありながらも普遍性を失わないのである。

そして、預言者たちでさえ、アッラーから下されたもので裁くことが命じられている。「誠にわれは、導きとして光明のある立法を（ムーサーに）下した。それで（アッラーに）服従、帰依した預言者たちは、これによってユダヤ人を裁いた。（中略）もしアッラーが下されたもので裁判しないものは、不信心者である」（食卓章四四）。「それで（マルヤムの子イーサーを遣わし、立法の中にあるものを確証するために下した）福音の信者には、アッラーがその中に示されたものによって、裁きなさい。凡そアッラーが下されるものによらずに、裁く者は主の掟に背く者である」（食卓章四七）。モーセであってもイエスであっても、自分で決めたことで裁くのではなく、アッラーの下したものによって裁くのである。

モーセは、フィルアウンと戦うために、アッラーから明瞭なる権威（スルターン・ムビーン）を授けられていた（撒き散らすもの章三八）。この権威の前に、絶大な支持を得ていたかに見えたフィルアウンの権威は、全く無力だったのである。それほどの権威を与えられたモーセではあったが、何によって裁くのかといえば、アッラーの下したものによって裁くのである。

もはや預言者がいない今日的な状況の中ではある。フィルアウン的な権威が地上を闊歩している状況でもある。そのような中で、われわれは何を権威とし、何に縋っていったらよいのであろうか。預言者を通じて下されたアッラーの教えを脇に置いて、民主制が権威としまた縋ろうとしているのが、人々の合意である。人々の合意は、果たしてこのような重荷に耐えられるのであろうか。

人々の合意がいかにあてにならないかは、モーセが彼らから離れ、四〇夜にわたってアッラーが彼と約束を結んでいたときに、何が起きたかを想起すればよくわかる。彼らはモーセの不在中に、皆で酒池肉林の宴を催し、黄金の仔牛の像を作り出し、それを神として拝したのである（雌牛章五一）。人々の合意では、このように道を踏み外してしまうこともありうるのである。この時は幸いにもアッラーに許してもらえたが、不義を行ったことに変わりはない。

結局のところ、権威はアッラーから与えられなければ、真の権威とは言えないのである。アッラーから権威をいただき、アッラーが下したものによって裁く。このことが十分に行われれば、独裁制であろうと民主制であろうとうまくいく。モーセの例が端的に示してくれているように、権威と裁きの根拠がアッラーにさかのぼれることが重要なのである。そうした権威であり、裁きであるならば、人々は従わざるを得ない。むしろ、民主制自体が、実はまだ発展途上なのであって、大いに誤る可能性があり、衆愚政治といつも隣合わせという不備を克服する必要にあるといえる。

大権はアッラーにある。それを無視する形で、あたかも国家に、あるいは民衆に、あるいは独裁者に、大権があるかのような認識それ自体が問題なのである。

このように、アッラーに根拠を持たない権威と法では、とても不正義を解消することはできないのである。不正義が解消できないということは、民衆は決して満足できないということを示す。民衆の幸福と安寧のために役立たないならば、民主制でも独裁制でも大差はない。

つまり求められているのは、イスラーム的民主制のあり方の具体的な構想である。権威主義か民主主義のいずれを選択するのかという問題ではないし、現政権を打倒すればそれで終わりになるような問題でもない。それは、都市の力を十分に引き出しながら、民衆の幸福・安寧に資することのできるイスラーム的な民主制とはいかなる形をしているのか。それは、民主主義のこれからの形を打ち出すことである。普通であればそれを先導する思想を求めがちになるところだが、民衆の間では、政府の不正義に対して「NO」を言えないイスラーム学者に対する失望が広がり、もはやイスラーム学者たちにも穏便な思想にも有難いお言葉にも期待しない状況である。今欲しいものはただ一つ、正義なのである。

ましてや、外国メディア、国営メディア、反体制派メディア、フェイスブック、そして人々の風聞も、それぞれがそれぞれに伝えるニュースが現実を作り出し、何を信じてよいのか見極められない状況でもある。情報バブルの崩壊状態ともいえる。そうした中で、ラマダーン月が過ぎアレッポは非常に複雑な感情に包まれている。事態に対してなお距離を置こうとする者。それでも政府とともにやっていくしかないと諦める者、あるいはそこに希望をつなごうとする者。とにかく変革を求める者。アレッポの町がハマやホムスとは違って流血の事態から免れていることに安堵する者。むしろアレッポの町が立ち上がれていないことに失望し苛立つ者。身内を警察に拘束され悲嘆する者。明確な意識も具体的な方向性もないままに進んでいる人々の状況に警告を発する者。体制が変わらぬまま事態が収拾されたときの粛清を恐れる者。体制変革に夢を託そうとする者。口を噤む者もいれば、声を潜めて議論する者もいる。議論すれど状況は変わらず、逆に立場の違いが明らかになってこれまで影を潜めていた宗派意識も見え隠れするようになっている。コントロールの効かない政府の暴走を見せつけられてもなお外国からの介入だけは許してはいけないという点では意見は一致するものの、事態収拾の糸口さえつかめず、経済活動への影響も出てきており、一見普通に見える人々の暮らしぶりではあるが、一九八〇年代初頭のムスリム同胞団鎮圧の際に、アレッポでも数千人の犠牲者が出ているという重たい記憶も手伝って、閉塞感は相当なものである。

さまざまなニュースに振り回されるのではなく、アッラーの信仰に基づく現実を自分たちの手で作っていくことが今こそ求められているのである。信じるべきものは、ニュースではなくアッラーである。こうした意味において、アレッポが、身動きの取れない閉塞感の中でなお、都市の力、信仰の力を取りこみながら、独裁制も反独裁制としての民主制も超えて時代に相応しい社会のあり方にたどりつけるかどうかは、まさに民衆たち自身にかかっているのである。

《注》

［1］黒木は、アレッポの一八五〇年の都市騒乱と比較して「一八一九年〜一八二〇年の騒乱においては、「まちの人々：アフル・アルバラド」というアイデンティティが、宗派を問わずアレッポの住民にわたって共有され、イェニチェリとアシュラーフの派閥的対立をも吸収し、住民が政府軍と三ヵ月以上にわたって戦闘を継続することを可能にしていた」と指摘し、アレッポの歴史家ガッズィーがアラブの間ではイスラーム以前の時代から「言葉による紐帯」と「近隣の紐帯」が大事にされて宗派間で争うことがなかったことを力説していることも紹介している。黒木英充（一九八九）「都市騒乱に見る社会関係―アレッポ・一八五〇年―」『東洋文化』六九、一七三―

二一三頁。

［2］ヘトとは、ヒッタイトに由来する名称。創世記二三には、パレスチナ北部からシリアにかけてを「ヘト人の地」と呼んだ事例があるとされる（旧約聖書翻訳委員会（二〇〇五）『旧約聖書II歴史書』岩波書店、三頁）。

［3］アブドゥ・アルファッターフ・カルアジー（一九八九）『ハラブ』ムアッササ・アッリサーラ（アラビア語）一九三、一九七頁。

［4］ポール・ジョンソン『ユダヤ人の歴史』、シーセル・ロス『ユダヤ人の歴史』など。

［5］芝健介（二〇〇八）『ホロコースト―ナチスによるユダヤ人大量殺戮の全貌』中公新書など。

［6］ジル・ドゥルーズとフェリックス・ガタリ（一九九四）「一二二七年――遊牧論あるいは戦争機械」『千のプラトー』河出書房新社、四〇七頁以下。

［7］公文俊平（一九九四）『情報文明論』NTT出版、三〇四頁以下。

［8］http://www.afpbb.com/article/war-unrest/2820110/7643663［2011/08/27］

［9］http://japanese.ruvr.ru/2011/08/23/55041199.html［2011/08/23］

［10］http://www.aljazeera.net/NR/exeres/043EECC7-96D2-46AE-9275-54EA008A0CB1.htm［2011/08/28］

［11］ファーラービー（二〇〇〇）「有徳都市の住民がもつ見解の諸原理」竹下政孝訳『イスラーム哲学』平凡社、五〇頁以下。

［12］ファーラービー（二〇〇〇）一二三頁。

［13］ファーラービー（二〇〇〇）一二四頁。

［14］支配者の条件、資質については、ファーラービー（二〇〇〇）一三〇頁以下にまとまった記述がある。

[15] ファーラービー(二〇〇〇)一三一頁。
[16] ファーラービー(二〇〇〇)一四九頁。
[17] ファーラービー(二〇〇〇)一三一頁。因みに、シャラーイアの単数形は、シャリーア、スナンの単数形がスンナであるが、ファーラービーの用法は、イスラーム法の法源を意味してはいない。
[18] ファーラービー(二〇〇〇)一四〇頁以下。
[19] 至高なるアッラーは言う。《信仰する者よ、あなたがた以前の者に定められたようにあなたがたに斎戒が定められた。おそらくあなたがたは主を畏れるであろう》(雌牛章一八三)。
[20] イブラーヒーム・サルキーニー(出版年不明)『イスラームのフィクフ』ダール・アルアンサーリー(アラビア語)、一五九頁以下。
[21] 植村(二〇一一)の研究は、アレッポにおける慈善団体や慈善活動家を中心にしたフィールド・ワークから、富の二次的還流の実態を明らかにしている。なお、本論中で紹介している慈善活動家は、植村の研究ではAさんとして報告されている。植村さおり(二〇一一)「ザカート・サダカの実践と「豊かな社会」」『イスラームの豊かさを考える』奥田敦・中田考編、丸善プラネット。
[22] ジョン・エスポズィトとジョン・ボル(二〇〇〇)は、この三つについて、社会や政治の場面で、民主主義をイスラームの概念的枠組みの中で提示する際に、イスラーム民主主義の中で機能しうるものとして位置付けている。ジョン・エスポズィトとジョン・ボル(二〇〇〇)『イスラームと民主主義』宮原辰夫・大和隆介訳、成文堂、四二頁以下。

6章　半島と湾岸

1　バハレーン――民主化プロセスの一〇年と野党のジレンマ――

神戸大学・大阪国際大学非常勤講師　石黒大岳

2　イエメン――革命国家の新しい時代と民衆――

放送大学教養学部非常勤講師　川嶋淳司

3　サウディアラビア――迫られる抜本的改革――

神戸大学国際文化学研究科准教授　中村　覚

1　バハレーン——民主化プロセスの一〇年と野党のジレンマ——

（1）はじめに

チュニジア、エジプトに端を発する「アラブの春」は、バハレーンにも一連の「民衆革命」を芽吹かせるかに見えた。しかし、「春」は激しい砂嵐を巻き起こして去り、バハレーンは過酷な夏を迎えることとなった。

二〇一一年二月から三月にかけて、真珠広場を中心に展開された今回の一連の大規模な民主化要求デモ（以下、本論では、「真珠広場デモ」と称したい）は、確かにエジプトにおける「革命」成功を受けた連鎖反応であった。「二月一四日革命記念日」などの青年運動組織によるフェイスブックやツイッターなどのソーシャル・メディアを用いたデモの呼びかけや、バハレーン国旗を掲げて真珠広場に集まった民衆の様子からは、エジプトなどのように、新たな政治運動主体の出現や民主化運動の質的な変化があったようにみえる。本論は、中期的な視点からこれらの問題について検討し、バハレーンの民主化運動における真珠広場デモの意義を明らかにしたい。

しかし、中長期的な視点から言えば、バハレーン政治は過去の失敗を繰り返したのみである。とくに野党は、運動が直面するジレンマを解決する工夫を何もできていなかった。

（2）「真珠広場デモ」

真珠広場デモの経緯は以下の通りである。発端は、新たに出現した青年運動組織がソーシャル・メディアを通じて呼びかけた、二月四日のエジプト大使館前での座り込みであった。青年運動組織は、二月一四日をバハレーン「怒りの日」と名付け、国内各地でのデモを呼びかけた。野党も青年運動組織に同調し、一四日、呼びかけに応じて大規模なデモが発生した。翌一五日にかけて、鎮圧にあたった治安部隊との衝突で犠牲者が生じると、その葬列が新たなデモを巻き起こして拡大していった。デモの拡大と呼応して、民衆が首都マナーマの西の外れにある「真珠広場」に座り込みを始めた。一七日未明に、集まった民衆は軍と治安部隊によって強制排除されたものの、軍と治安部隊が撤収した一九日には再び真珠広場に集まった。以来、三月一四日にサウディアラビア軍を中心とするＧＣＣ（湾岸協力会議）軍の攻撃を受けて壊滅するまで、真珠広場はバハレーンの民主化要求デモの拠点であった。

真珠広場デモは、野党と政府との間で事態が展開した。一四日から一五日にかけて、デモ隊と治安部隊の衝突で犠牲者が出ると、最大野党の「ウィファーク」（国民イスラーム協約協会）は全議員の辞職を表明し、他の野党とともに合同政治委員会を設置して政府を批判した。一七日未明のデモ参加者の強制排除が国際世論の批判を受けて、政府が国民対話を呼びかけると、野党は当初、対話に応じる姿勢を示した。しかし、デモに参加した民衆からの反発と、政府が示した改革案に中身がなかったことから方針が定まらなかった。野党の合同政治委員会が、憲法改正などの要求を掲げて国民対話への参加を表明したのは、三月四日であった。その間、反体制派の主張の過激化や宗派間の衝突の発生など、野党を取り巻く状況は厳しさを増していた。三月八日、反体制派が「共和制連合」を結成したことは、真珠広場デモにおける野党と反体制派の分裂を決定づけ、政府の思うつぼとなってしまった。

今回の真珠広場デモは、ハマド国王が開始した民主化プロセスの一〇年間の結果に対するバハレーンの民衆による総合評価と捉えることができるだろう。バハレーンの「怒りの日」として青年運動組織がデモの実施を予告していた二月一四日の持つ意味である。この日は、二〇〇一年にバハレーンの民主化の方向性を示した「国民行動憲章」の国民投票が行われ、九割近い国民が賛成し、承認してからちょうど十周年にあたる。したがって、真珠広場デモには、一〇年という節目に、政府と国民の合意に基づく民主化プロセスの原点を問い直し、政府に対して民主化が不十分な現状を糺すという意味が込められていた。

真珠広場デモは、アクター間の関係とデモの展開パターンが、民主化プロセスの過去一〇年間に行われたデモと、基本的に変わっていないことを指摘したい。バハレーンの民主化は、国王および政府が主導する「上から」の民主化であったが、国民の側からの民主化運動を担ってきたのは、野党であった。野党は、選挙や議会を通じて、政府や与党に働きかけるとともに、憲法改正を求める

首都マナーマの西の外れにある巨大なロータリー「真珠広場」。モニュメントは2011年３月18日に解体された（筆者撮影）

嘆願書の署名運動やデモを主導してきた〔-〕。民主化プロセスを推進してきたアクターは、その政治的な立場の違いにより、野党を含めて以下の四者に整理できる。

第一は、野党である。野党の中心は、シーア派イスラミストの「ウィファーク」である。ウィファークは、二〇〇六年と二〇一〇年選挙の比較第一党であり、議員全員がシーア派である。ウィファークに次ぐ野党は、世俗系で左派の労働運動を基盤とする「ワアダ」（国民民主行動協会）である。指導者はスンナ派であるが、支持者にはシーア派が多い。ウィファークとワアダは、二〇〇二年に制定された今の憲法に基づく体制を認めず、二〇〇二年選挙をボイコットした反体制派であった。しかし、彼らは、議会での発言を通じて政府の政策決定に関与していく必要性を認識し、二〇〇六年選挙に参加して野党となった。民主化については、立憲君主制を維持した上での憲法改正による議院内閣制の実現を目指している。

第二は反体制派である。反体制派の中心は、二〇〇六年の議会選挙への参加をめぐって、ウィファークから分離した「ハック」(自由と民主主義のためのハック運動)である。彼らは、二〇〇六年の選挙後も今の体制を認めず、議会選挙にも参加していない。王制打倒を目指しているため、指導者のほとんどが政府の弾圧を受け、政治犯として収監されるか国外追放状態にあった。ウィファークとは、分裂の経緯でしこりが残っており、共闘が難しい関係にあった。

第三は国王と、王族が主要閣僚を占める「政府」である。今の王家であるハリーファ家は、一八世紀末にバハレーンを征服した外来政権で、少数派のスンナ派による支配体制を確立させてきた。民主化運動に対しては、多数派のシーア派からの挑戦と捉えてきた。そのため、政府は二〇〇二年憲法で議会に任命制の上院を設置し、下院の選挙制度では一票の格差を無視した選挙区割りを行って、シーア派が過半数の議席を獲得しないようにしている。さらに、スンナ派の外国人に国籍を与える政治的帰化を進めてシーア派の人口比率の低下を図っており、最近ではシーア派とスンナ派の比率は七対三からほぼ五対五に近づいている[2]。政府の民主化の取り組みについて、改革派のハマド国王やサルマーン皇太子と、守旧派のハリーファ首相との内部対立で捉える見方もあるが、実際のところ、政府が変革を望んでいないことは明らかである。

第四は、与党である。与党を構成するのは、政府を支持するスンナ派のイスラミストやテクノクラート、王族と経済的に結びついたビジネス・エリートたちである。彼らは政府と持ちつ持たれつの関係にあるため、変革を望んでいない。中には改革の必要性を唱える者もいるが、野党のデモに対しては、ビジネス環境として対外的な印象を悪くするものとしか見なしていない。

真珠広場デモの発端は、新しく現われた青年運動組織の呼びかけであったが、既存の野党も初期の段階からデモに同調しており、全体的な方向性を決定づけてきた。バハレーンで最初にデモが行われたのは先述の通り、二月四日、エジプト大使館前であった。この時すでに、野党・ワアダの代表であったイブラーヒーム・シャリーフが改革を訴えていた。

野党の主たる要求は、「国民の手によって書かれた憲法の制定」と「国民の代表による政府の形成」であった。これらの要求は、民主化達成の目標点として、以前から野党が掲げてきたものであった[3]。デモを呼びかけた青年運動組織の要求が基本的には同類のものであった点からも、真珠広場デモは、出発点において、野党と青年運動組織の共闘が認められる。

野党は、過去のデモと同様に、具体的な要求を絞り込んで与党内の改革派や反体制派と共有し、共闘体制をとることができない失敗を繰り返した。野党の要求は抽象的で明確さを欠き、個別具体的な要求が拡散していたためである。たとえば、野党は政府の交代を要求したが、真珠広場デモに参加した民衆の多くが掲げた要求は、四〇年にわたって首相の座にあり、治安部門の実権を握っているハリーファ首相の辞任だった。

しかしながら、首相の辞任を要求する「ハリーファを倒せ」というスローガンは、しだいに王家であるハリーファ家全体を倒す王制打倒の意味へと変化していき、過激化した高い要求水準となった。その背景には、二月二五日の内閣改造があまりに小規模であったため、デモに参加した民衆の多くが、首相を含む閣僚任命権を持つハマド国王への失望感を増大させたことと、弾圧による死傷者の増加とともに、今の体制への怒りを増幅させたことがある。以前のデモにおいても、王制打倒のスローガンはあったものの、デモに参加した民衆の多数が反体制派支持へ回ることはなかった。真珠広場デモにおける王制打倒の声の広がりは、後述するように、野党を苦境へ陥れることとなった。

真珠広場デモに対し、政府は、初期の段階からシーア派による騒乱の鎮圧と宗派対立の回避というロジックで弾圧を正当化した。国内メディアを用いて、デモがイランのスパイやテロリストに扇動された反乱であるとのプロパガンダを繰り返し、スンナ派住民の不安を煽《あお》るのも、これまで通りの手法であった。他方、ソーシャル・メディアに対しては、ネットワークの遮断は行わず、騒乱の「扇動」の証拠や、デモの参加者を拘束するために身元を特定するツールとして利用していた[4]。

野党は、これまで通り、デモによる動員力を梃子に政府との交渉を進めるつもりであった。真珠広場デモでも、弾圧に抗議して集団で議員辞職する一方で、サルマーン皇太子からの対話の呼びかけには応じる姿勢を見せた。誤算だったのは、今回は、治安部隊や軍による武力行使に躊躇がなかったことに加え、弾圧に対する民衆の怒りが暴力の行使に発展し、政府だけでなく政府との対話の姿勢を見せていた野党にも怒りの矛先が向けられたことである。

野党が治安部隊や軍を味方につけ、武力行使を躊躇させることができなかったのは、治安部隊や軍とデモに参加した民衆との間に同胞意識が存在しなかったためである。デモの鎮圧にあたる治安部隊や軍の前面に立っているのはパキスタンなどから政治的に帰化したスンナ派である。彼らは、政府が宗派の人口比率を逆転させるために行っている政治的帰化者である。彼らは、デモに参加した民衆にとっては憎悪の対象でしかなく、味方につける対象とはならなかった。なぜならば、シーア派は、軍や警察での採用を拒否されていることに加え、政治的帰化者の増加によって、職を奪われているという不満を高めていたからである。

野党が治安部隊や軍の弾圧に怒りを強めて反体制派支持へ回る民衆の説得に苦慮している間、政府は、対話に応じようとしない野党というイメージを作り上げて批判し、デモに参加した民衆の暴力行使の責任を野党に負わせた。野党は、三月四日に合同政治委員会の声明で政府提案の対話に参加することを表明したが、民衆の支持を失った割には、得られたものは三百人中五人という非常に小さなウィファークの参加枠でしかなかった。ウィファークはすでに全議員が辞職したため、政府に対して行使できる影響力を著しく減少させた。

野党は、政府への対応で、これまで以上の失敗を犯した。他方、真珠広場デモに対する政府の対応は、発生時点においては焦りがあったかもしれないが、反体制派の支持拡大を誘ってデモを分裂させた上で、野党にダメージを与え、反体制派を洗い出して潰すためのタイミングを狙っていたとも考えられる。そのタイミングは、世界の耳目が東日本大震災に向いていた三月一四日であった。

野党は、与党への対応でも同じ失敗を繰り返し、共闘体制を築くことができなかった。野党は、スンナ派とシーア派の宗派対立を超えたバハレーン人としての国民統合や議会の権限強化、選挙制度改革を訴えて与党との共闘を模索してきた。とくに、ウィファークは二〇〇六年選挙以来、下院での比較第一党を占めており、議会での合意形成を尊重する穏健的な改革派として、政府や与党との間での信頼感の醸成に努めてきた。真珠広場デモに際しても、代表のアリー・サルマーンの呼びかけで、与党代表との協議を行った。

しかし、協議はデモの開始後に行われたものであり、共闘体制を築くには至らなかった。元来、与党は政府支持であり、制度改革によって野党の勢力が増大することへの懸念がある。王制打倒は論外であるし、野党の個別要求にあった政治犯の赦免や、政治的・社会的な差別の是正は、結局シーア派のための要求としか見なさなかった。真珠広場デモは、多数のスンナ派が参加しており、宗派性を排したバハレーン人としての国民統合が強調されていた。それでも、与党の対応は、政府のプロパガンダに沿ったデモへの批判と王室擁護にとどまったままであった。

真珠広場デモにおけるアクター間の関係とデモの展開パターンについてまとめると、基本的な構造には、過去のデモとの継続性が確認できるものの、中盤にデモに参加した民衆の支持が反体制派へ回ったことで、野党の相対的なパワー・バランスの低下という変化が浮き彫りになった。野党は、穏健的な改革要求が民衆への訴求力を失ったことに加え、政府と話し合おうとする姿勢について、かつてない批判に直面した。真珠広場デモは、民主化プロセスの一〇年という節目に、政府に対して民主化が不十分な現状を糺すだけでなく、民主化運動を担ってきた野党も評価の対象とし、厳しい評価を下したものとなったのである。

（3）野党が抱える複合的なジレンマ

真珠広場デモにおいて、野党が他のアクターとの共闘関係を築くことができず、民衆からの厳しい批判に直面したことは、野党が民主化運動の中心的な担い手として大きなジレンマに陥っていることを示している。このジレンマは、民主化において穏健的な改革派が共通して抱える政府と反体制派の間での板挟みの問題に、バハレーンに特有な宗派性の問題が絡み合った複合的なものである。以下では、野党が抱える複合的なジレンマを見ながら、バハレーンの民主化の今後に向けた手掛かりを探りたい。

野党が抱えるジレンマは、最大野党であるウィファークで見えてくる。ウィファークは、イギリス型の立憲君主制、リベラル・デモクラシーを志向していることを表明しているにもかかわらず、シーア派イスラミスト集団の性格も残していると見なされるジレンマがある。ウィファークのメンバーは、服装によってシャイフと呼ばれるイスラーム法学者（ウラマー）のターバン組と若手実務家の背広組に分けられる。両者の間では、大まかな役割分担が見られ、政策立案や他会派との交渉実務は背広組が担当し、選挙時の支持集めや動員はターバン組が担当している。

しかしながら、シャイフが演説や説法の際に殉教・抵抗精神に訴えることで支持を獲得している点で、シーア派イスラーム主義の印象を強化しており、スンナ派の一部に、シーア派に対するある種のステレオタイプに基づく嫌悪感を招いている。また、シャイフの多くがイランのコムで修学していたため、政府はイランとの関係を疑っている。ウィファークは、イラン型の「法学者の統治」の実施を否定しているにもかかわらず、政府によって執拗にイランの手先であるとプロパガンダされている。

実際には、言語の違いもあり、アラブ人・バハレーン人意識が強く、真珠広場デモも含めてイランの直接的な影響は大きくない。ウィファークとしては、背広組の実務能力や活動の成果をメディアに向けて強調して対外イメージの改善に努めているが、スンナ派の知識人や民衆からの共感や信頼は、なかなか得られていない。

国内政治レベルでは、ウィファークは、シーア派の待遇改善の声を上げ、自らの掲げる政策の実現や政府の政策決定への関与を目指して議会政治に参加したにもかかわらず、目立った成果を上げていないと有権者に見なされるジレンマがある。制度的な制約によって、もともと野党の意見が通りにくい中、ウィファークは住宅や雇用問題での成果や、議会での調査・質問による王族の不正追及を実績として示し、議会政治に参加する意義として、審議での質問や調査権の行使による政策決定過程の透明性や政府の説明責任の向上を挙げた。

しかし、ウィファークが示す成果は、民衆から見れば期待とは程遠く、議会政治に参加する意義もわかりにくいため、目に見える政治的実績が乏しいと映ってしまう。政府や与党との協議において、ウィファークとしては現実的な対応を取っていても、民衆には、政府と安易に妥協を重ねていると見なされているのである。妥協しても得るものがないことに失望した民衆の支持が反政府の立場で一貫し、弾圧に耐え忍んでいるハックのような反体制派に流れるという状況が生じていた。

議会内では、政府や与党としばしば対立したものの、ウィファークは政府の警戒感を和らげるため、憲法改正など決定的な対立に繋がる要求は棚上げし、穏健派としての信頼を得ようと努めていた。二〇〇六年議会では比較第一党を理由に下院議長のポストを要求し、要求が受け入れられないと副議長のポストを蹴って開会式をボイコットする対決的な姿勢を見せていたのとは対照的に、二〇一〇年議会では当初から下院議長ポストを要求せず、副議長ポストを受け入れた。選挙制度や議会制度への不満は抱えつつも、現行制度の枠内で、政府や他会派と協調し、議会政治への積極的な参加姿勢を示していた。しかしながら、政府や与党からの信頼を得るに至らず、一方では、民衆からは政府に対し妥協的と見なされて批判されてしまっている。

湾岸地域・国際政治レベルでみると、ウィファークは、サウディアラビアを中心とする周辺の湾岸アラブ諸国やアメリカから、イランの手先やイランの勢力拡大の象徴と見なされるジレンマがある。いずれの国も、バハレーンの体制変動が地域の秩序に変化を及ぼすことを望んでおらず、とくにイランとの間でパワー・バランスが崩れるのを恐れている[5]。そのため、バハレーン政府のプロパガンダをそのまま受け入れている。

ウィファークとイランとの関係は、先述の通り、直接的な影響は大きくない。むしろ、ウィファークはイランの核開発やイラク内政への介入に批判的である。バハレーンの民主化運動に対するイランの言及は、何であってもバハレーン政府がイランとの繋がりの証拠として批判や弾圧の口実にするため、ウィファークにとっては迷惑でしかない。

サウディアラビアとの関係では、サウディアラビア東部州のシーア派の存在が、ウィファークにとってジレンマをもたらしている。ウィファークとサウディアラビア東部州のシーア派との政治的な繋がりはない。しかし、バハレーンのシーア派との血縁的な繋がりや、シーア派の宗教行事での交流の深さが、サウディアラビア政府の警戒感を強める要因となっている。

アメリカとの関係では、ウィファークは、バハレーン政府に対するアメリカ政府の民主化圧力を得られていない。ウィファークは、民主化要求デモでイスラーム主義やイランとの繋がりを思わせるようなスローガンや旗を掲げることを避けてきた。しかし、バハレーン政府のプロパガンダによって形成されたイランの手先というイメージを変えるまでには至っていない。アメリカ政府がバハレーン政府のプロパガンダを受け入れるのは、湾岸地域の安全保障の要となる第五艦隊の拠点をバハレーンに置いている関係上、バハレーンの政情が不安定になることを望んでいないからである。最近では、ウィファークは、アメリカ政府に働きかけるのではなく、NGOや国際人権団体を通じて、アメリカ議会や国連などの国際人権レジームに訴えることで、バハレーン政府への国際的な民主化圧力を喚起し、ジレンマから脱することを目指している。

2010年10月に実施された第三回下院選挙に関して、ウィファーク本部で記者会見を行う代表のアリー・サルマーン氏（筆者撮影）

（4）おわりに

真珠広場デモは、バハレーンの民主化を遠ざける結果となった。民主化運動を担っていると自負していた野党は、複合的なジレンマにはまり、対話による協定型の民主化移行が生じるのに十分な条件をそろえられていなかった[6]。そのため、改革を実現させることができず、民衆の支持さえも失う結果となった。国内政治レベルと湾岸地域レベルでのコンテクストの変化によってバハレーン政府の姿勢が変わらない限り、民主化への明るい展望は描けそうにない。今回も以前と同じ失敗を繰り返したところを見ると、このままでは脱却は難しい。野党は、七月に始まった国民対話にはアメリカの働きかけを受けてしぶしぶ参加を決めたが、すぐに席を立った。九月に行われる補欠選挙にはボイコットを表明している。今後の見通しだが、野党は反体制派とともに厳しい弾圧を受ける状況の中、民衆からの支持や信頼、期待を取り戻せるか、注目される。

《注》

［1］バハレーンの民主化プロセスや政党の詳細については、石黒大岳「バハレーン王国」「中東・イスラーム諸国の民主化」データベース（NIHUプログラム・イスラーム地域研究東大拠点）http://www.l.u-tokyo.ac.jp/~dbmedm06/me_d13n/database/bahrain.html 参照。

［2］第三回下院選挙の得票率でみると、シーア派の立候補者の得票率は六割程度であった。また、中央統計局の調査で四九対五一の割合で人口比率が逆転したとの報道もある（中央統計局は否定）。"Agency denies sect-based population report" *Gulf News* 2011/07/06 http://gulfnews.com/news/gulf/bahrain/agency-denies-sect-based-population-report-1.833702（二〇一一年七月七日確認）

［3］http://www.alwefaq.org/index.php?show=news&action=article&id=5449（二〇一一年二月五日確認）

［4］"Shout in the Dark" *Al Jazeera English* 2011/08/04 http://www.youtube.com/watch?v=xaTKDMYOBOU（二〇一一年八月五日確認）

［5］ウィファークの代表であるアリー・サルマーンは、バハレーンで民主化が進まない要因について「サウディアラビアがそれ（地域の秩序の変化）を望んでいないから」と指摘した。（二〇一〇年一〇月一九日、マナーマの

ウィファーク本部にて、欧米プレス向け会合でのインタビュー）

［6］P・シュミッター、G・オドンネル（真柄秀子、井戸正伸訳）『民主化の比較政治学―権威主義支配以後の政治世界』未来社、一九八六年。

2　イエメン――革命国家の新しい時代と民衆――

（1）革命の再演

「革命」という古めかしい言葉が、新しい風景の中で再演されている。革命という言葉は、イエメンにおいて長らく体制側の言葉であった。二〇一一年春、その体制に反対する人々が同じ言葉を掲げた。この革命という言葉は、イエメン共和国という国家を考える上でのキーワードである。そして、この「革命」理念が変容したことこそ、イエメンで民衆デモが発生した背景であると筆者は考えている。その変容とは、革命理念の「民主主義と自由」という一側面がより重要な位置を占めるようになる過程であった。本論では、この革命理念の変容プロセスを追いかけたい。そして、現代イエメンの若者にとって、すっかり変容を遂げたあとの革命理念こそが、政府の存在理由や正当性となった点を強調したい。このことは彼らが、民主化と自由の実現に対する高い期待を内面化していたことを意味する。この期待度が高いほど、それに逆行する昨今の現実がギャップを生み出し、彼らを引き裂いていった。かくして大学生ら若年層は、民衆革命の徒と化したのである。

ここでイエメンでのデモ発生の経緯を概観しておきたい。一月にチュニジアのベン・アリ大統領が亡命すると、イエメンでも首都サヌアなどでデモが発生・拡大した。デモ参加者らは、旧北イエメン時代の一九七八年に大統領に就任し、一九九〇年に南北イエメンが統一した後も国家元首を務めるアリ・アブドゥッラー・サーレハ（以下、サーレハ大統領）の退陣を要求した。サーレハ大統領は、治安部隊によってデモを取り締まりつつ、次期大統領選への不出馬や世襲の否定を表明するなど硬軟入り混ぜた対応でデモに応じた。エジプトのムバーラク大統領の辞任は、反体制デモの勢いに油を注いだ。サーレハ大統領は、自らの妥協度をより高めた政治的提案を発表して事態の収拾に努めたが、体制側から離脱する政治家や要人を引き止めることはできなかった。とりわけ、これまで政権を支えてきた部族的出自を持った有力な政治家や軍人が反体制デモへの合流を宣言すると、サーレハ大統領はいよいよ苦境に追いやられた。

四月から本格化した湾岸協力会議による仲介工作は、サーレハ大統領の拒否によって頓挫した。改革姿勢を強調する同大統領を支持していた西側諸国（含む日本）は、次第にサーレハ退陣を求める立場に変化した。

六月初め、サーレハ大統領と側近は何者かが礼拝所に仕掛けた爆発物によって負傷し、サウディアラビアへ移送された。以降、副大統領が臨時代行として政権運営を行っている。一命を取り留めたサーレハ大統領は、リヤドからのテレビ演説の中でイエメンへ戻る意志を表明している。

同年八月、反体制派は結集して「国民評議会」を創設し、ムハンマド・バーシンドワを同評議会の議長に選出した。サーレハ大統領がイエメンに帰国した後の見通しは不明である。

本論以下では、いかに「革命」がイエメンの国家理念の中心にあるかを確認し、それが意味していた内容をサーレハ政権初期の演説を通して検討する。その上で、革命の意義それぞれの変遷をたどり、「革命」の語がどのように変容したか描き出したい。サーレハ政権期を通じて、国家理念としての革命の意味は民主主義と自由に一層集約されていった。政治指導者は、それらをより高次に実現する必要に迫られた。同時に、国民の側も（とくに若年層）民主主義と自由の実現こそ政府の存在意義であるとますます感じるようになった。

（2）革命という名の建国物語

イエメン共和国は、どのような国家なのか。カレンダーを手がかりに考えてみたい。イエメンの祝祭日のうち、日本でも馴染みのあるものは、元旦とメーデーぐらいだろう。預言者ムハンマドの生誕祭、断食明け大祭、犠牲祭、イスラーム暦元旦は、イエメンに限らずイスラーム教徒の多い国家ではおしなべて祝祭日とされている。その他の統一記念日、革命記念日、独立記念日は、いずれもイエメン独自の祝日である。

九月二六日革命記念日とは、旧北イエメンにおいて一九六二年に起こった共和革命を祝う日である。これによって旧北イエメンは、イマームと呼ばれる宗教指導者による祭政一致の政治から、近代化と共和主義を掲げる革命国家へと生まれ変わった。

一月一日	元旦
二月一五日	預言者誕生祭
五月一日	メーデー（労働者の日）
五月二二日	統一記念日
八月下旬	断食（ラマダーン）明け大祭
九月二六日	九月二六日革命記念日
一〇月一四日	一〇月一四日革命記念日
一一月上旬	犠牲祭
一一月二六日	イスラーム暦元旦
一一月三〇日	独立記念日

イエメンの祝祭日（2011年）

また別の二つの祝日は、旧南イエメンの近代史に起源を持つ。一〇月一四日革命記念日は、一九六三年当時にイギリス統治下にあった旧南イエメン地域が同日付に対英闘争を開始したことにちなんで祝日とされている。同地域から撤退を決めたイギリスは、一九六七年の一一月三〇日に南イエメン側に政権を移譲した。この日が独立記念日となった。

最も新しく祝祭日に仲間入りしたのは、統一記念日である。これは、旧北イエメンと旧南イエメンとが一九九〇年の五月二二日に統一したことによって定められた。

これらの国民的祝日は、一つの連なった建国物語を描いている。それは、一九六二年の九月二六日革命及び一九六三年の一〇月一四日革命（その結果としての一一月三〇日の独立）という、二つの革命によって生まれた旧南北イエメンが、九〇年に統一を達成し、現在のイエメン共和国となったというストーリーである。興味深いのは、旧南北イエメンの原点をいずれも「革命」と呼び、現代のイエメン国家の出発点として祝っている点である。革命の精神は、イエメンという国家の礎なのである。

(3)「革命」が三〇年前に意味していたもの

六〇年代の革命から現代のイエメンへと通じる建国物語は、否応なしに現政権がなぜ存在しているかを正当化した。なぜなら、共和国政府は革命の旗手であり、その精神の護持者だからである。それでは、イエメン国家の出発点としての革命は何を意味していたのだろうか。旧北イエメンの共和革命を題材に考えてみたい。次に挙げたのは、就任の翌年一九七九年、サーレハ大統領が九月二六日革命記念日に際して行った演説の一部である[1]。

九月二六日革命は、我々民衆と国軍及び治安部隊の先駆者らが、独裁と抑圧に対する断固とした拒絶を知らしめるため、また民衆の真なる願いに与する我らの立場を確たるものとするために実行された。それは、純粋な動機と誠意ある目的、そして偉大な功績をもつアラブ民族的愛国的革命であり、イエメン民衆の生活のみならず、我々のアラブ共同体の生活すべてに存在するものである。一九六二年九月二六日に祝福すべき革命は実行された。それは、あの忌まわしい宗教指導者による神権統治に終止符を打つため、また、民主主義と自由と協調と社会的公正と進歩と繁栄に特徴付けられる新たな時代を開始するために行われた。

この演説において革命は、まずアラブ諸国全体の革命の一つとして位置付けられ、次にイエメンの旧体制を打破したものとして語られる。さらに、革命は「新たな時代」の幕開けとして描かれている。新たな時代には、民主主義と自由、協調と社会的公正、進歩と繁栄が約束されていた。以下では、この革命の三つの意義――アラブ全体の革命への貢献、旧体制の打破、新時代の実現――がどのように変化したのか検討する。

(4) 急進的なアラブ・ナショナリズムの後退、遠退く旧体制の脅威

演説文の「アラブ民族的愛国的革命」は、一九五〇年代から六〇年代後半にかけて絶頂を迎えたアラブ・ナショナリズムを表現している。西洋による植民地支配からの脱却を掲げ、アラブ諸国の政治的統一を通じてアラブ民族の偉大な復興を目指した運動である。一九六〇年代のイエメンは、王国と首長国しかなかったアラビア半島に「先進的な」共和政を打ち立てた前衛的な国家であった。これを後押しするエジプトは、イエメンの旧体制派を支持するサウディアラビアと鋭く対立した。

急進的なアラブ・ナショナリズムは、エジプトのナセル大統領が第三次中東戦争でイスラエルに破れた一九六七年を契機として後退していった。一九七九年、イスラームによる統治体制を標榜したイラン革命が起こり、一方でエジプトがイスラエルと和平を結んだ。サーレハ大統領が先の演説を行ったのは、そんな最中であった。アラブ民族の団結と統一を掲げたアラブ・ナショナリズムは、華やかなりし頃の魅力的な色彩を既に失っていた。

イエメン共和革命の二つ目の意義は旧体制の打破であった。革命派と旧体制派の和解を経た後、サーレハ政権下の旧北イエメンでは、旧体制派の脅威は減り続けた。また国民は、宗教指導者による世襲の神権政治よりも共和政を圧倒的に支持していた。旧体制派との内戦状態にあった一九六〇年代には、「忌まわしい」神権政治の打倒と革命の防衛を訴える必要があった。しかし内戦が去り共和政が定着すると、旧体制の打倒は過去の功績になっていった。

要約すれば、急進的アラブ・ナショナリズムが後退したことで、イエメン共和革命もその一部であるという主張が一緒に地盤沈下を起こした。首長国や王国を打倒し、アラブ国家の統一を達成しようというスローガンは、すっかり時代遅れになってしまった。また、旧北イエメンに共和政が定着するに連れて旧体制の脅威は遠のいた。旧体制の打倒は、今や過去の栄光である。共和国政府は、その正当性を過去の栄光のみに頼ることが難しくなっていった。その結果、革命の三つ目の意義（新たな時代の実現）こそが、次第に政府の存在意義の実質的内容になっていった。別の言い方をすれば、新時代の実現という第三の意義が、その他二つの意義が薄まったことによって、より重要性を持つにいたったのである。

（5）協調と社会的公正の時代

革命によって誕生した共和国政府は、民主主義と自由が保障され、協調と社会的公正が実現し、進歩と繁栄を享受する新たな時代を人々にもたらすはずであった。この「新たな時代」の諸要素は、一九八〇年代と南北イエメンの統一を経てすっかり様変わりしたと筆者は見ている。「新たな時代」の特徴を「民主主義と自由」、「協調と社会的公正」、「進歩と繁栄」の三つに分類し、おのおのの変化を追いかけてみたい。結果を先取りして言えば、後者二つが後退し、前者一つが押し出される形で、新たな時代という理念に占める「民主主義と自由」の割合が増大した。「協調と社会的公正」の具体的表象であった社会主義的政策は放棄され、「進歩と繁栄」を夢見た開発政策は、貧困からの脱出という負の課題へと陳腐化してしまったからである。

イラクやエジプト等の革命政権がそうであったように、旧北イエメンにおいても協調と公正を旨とする社会主義的政策が実施された。自由で開放的な市場経済によってではなく、政府の計画と統制によって経済開発を推し進めた。競争よりも公正を重んじ、人々が協調して開発と発展を実現しようという試みであった。この社会主義的政策は、経済の政治化を伴いながらも一定の成果と社会発展をもたらした。

転機は一九九〇年の南北イエメン統一であった。新たに誕生したイエメン共和国は、自由市場経済の道を目指した。ソ連が崩壊し、冷戦が終結する国際情勢の流れに沿った選択であった。社会主義的な「協調と社会的公正」政策は理念上放棄され、市場経済化へ方向転換した。さらに、一九九六年から始まった世界銀行と国際通貨基金による対イエメン構造調整によって、自由な市場経済体制作りがいっそう加速した。公務員の数を削減し、政府の補助金政策を見直すなど経済における政府の役割を縮小する措置が講じられた。こうして、社会主義的政策に体現されていた協調と公正の精神は、自由な経済活動に基づく市場競争へと政策理念上の転換を果たした。

（6）進歩と繁栄という夢、開発イメージの変化

一九六〇年代、イエメンは貧しかった。それゆえに革命政府が掲げた進歩と繁栄の理念に人々は熱狂し夢を見た。進歩と繁栄とは近代化開発の推進であり、旧体制と対置される形で語られた。鎖国政策を基調としていた旧体制に対して、革命政権は対外開放による近代技術の積極的導入を掲げた。また、開発を担う主体も異なった。イマームとその側近による寡頭政治の政策とは対照的に、革命政府が描いたのは、民衆が近代的な国家建設に参加する開発の推進であった。革命精神と愛国心を持った国民大衆が、革命の先駆者たる政府の指導のもと自らの国づくりに参加する。なんとも新しく希望に満ちたスローガンであった。

実際に学校、病院、軍隊などといった近代的な施設と組織が創設・整備され、一九八〇年代には多くの人々が開発の果実を味わった。イエメン社会が風を切って近代化する足音が聞こえるようであった。開発は、前衛的な共和制国家が進歩と繁栄を実現させていく積極的な国家建設プロセスだった。

現在、開発という言葉の持つイメージはすっかり変わってしまった。今日のイエメンと言えば、国民の四五%以上が一日二ドル以下で生活し、女性の半数以上は読み書きができない、二四歳以下の労働人口の半分以上が失業している等々、社会統計がその困窮を雄弁に物語っている。イエメン

の開発は今や、進歩と繁栄という希望の受け皿ではなくなり、破綻国家化という危機的状況から脱出するための義務的課題なのである。

また、イエメンの開発は単なる貧困削減のための問題ではない。ドナー諸国は、イエメンの貧困がテロリズムの温床になっていると懸念し、開発と治安対策を関連づけて考えている。ソマリア沖の海賊対策の地域的拠点としても、イエメンの安定は重要である。

さらに悪いことに、最近のサーレハ政権の開発政策は国民の信頼を失っている。九四年のイエメン内戦後、破綻状態にあった国内経済建て直しのため、構造調整の受け入れに踏み切ったことは国民の一定の理解を得た。しかし、その後、構造調整に基づく経済の自由化に伴って、貧困層の拡大と生活状況の悪化が進んだ[2]。イエメン政府が包括的な開発支援の必要性を国際社会に訴えた結果、二〇〇六年には国際的な対イエメン支援国会合がロンドンで開催された。この会合では、ドナー諸国から合計四七億ドルの支援表明が行われた。これは、イエメン政府が試算した必要な海外援助の八五%を上回る巨額の支援であった。その後のフォローアップ会合では、さらなる国際支援がドナー側より表明され、支援総額は五〇億ドルを超えた。例を見ない巨額の対イエメン支援が首都サヌアに集まった。しかし、イエメン国民一般はその恩恵を実感することはほとんどなかった。巨額の外国援助は大統領とその支持者の懐に消えていった、と感じた多くの国民が失望と怒りを覚えた。

開発という言葉は、かつて積極的な前進を意味した。進歩と繁栄の夢があった。今日、イエメンの開発問題と言えば、貧困対策であり、破綻国家化の阻止である。開発は、消極的で防衛的な負の課題に変質したばかりか、体制の腐敗したビジネスというイメージを背負い込むことになった。

(7) デモクラシーとフリーダム

共和革命が目指した「新たな時代」の内容について、協調と公正、進歩と繁栄を検討した。社会主義的政策の転換、それに開発政策の不調と腐敗によって、残すところは民主主義と自由だけとなってしまった。このことは、二つのことを意味している。すなわち、「新たな時代」の魅力が総体として縮小したこと、そのスローガンに占める民主主義と自由の割合が増大したことである。言い換えれば、「新たな時代」の内容の変化によって共和国政府の役割は、民主的で自由な社会の実現に一層集中したということである。それは、民主主義と自由を実現させるハードルが高まったということに他ならない。

一九九〇年のイエメン統一は民主主義と自由をさらに前面に押し出した。南北イエメンは共に革命によって誕生しながら、あまりに異なる国家であった。マルクス・レーニン主義を標榜する旧南イエメンと、保守的な部族社会が色濃く残存する旧北イエメンである。それぞれの国家機構の統合は困難を極めた。加えて、過去の南北間紛争で鬱積した怨嗟と不信の念があった。この深い溝を橋渡ししたのが民主主義の理念であった。南北イエメンの指導者は「統一を彼らの目標と定め、その後にそれを民主的に達成することを選んだ」[3]。民主主義は、二つのイエメンにとって唯一の政治制度上の共通言語であった。

サーレハ政権下のイエメンで起こった民主化の数々は否定できない。旧北イエメン時代には停止されていた憲政が復活し、選挙に基づく諮問機関が整備された。政党は禁止されていたものの全国的な政治組織が政府の手によって誕生し、国民の広範な政治参加の門戸を開いた。統一後のイエメン共和国では、アラビア半島において唯一の多党制に基づく議会選挙や直接選挙による国家元首の選出を確立した。現在では州知事も選挙によって選ばれている。しかし、サーレハ政権の「功績」をはるかに追い抜くスピードで、民主化と自由への期待は高まっていた。その背景には、革命の意義が民主的で自由な社会の実現に集中するという変化があった。

(8) 新しい時代の到来とその住民

イエメン国家の出発点は革命であった。革命の一九六〇年代から今や半世紀を経た。その間、急進的なアラブ・ナショナリズムはすっかり退潮した。イマーム率いる旧体制の脅威も同様である。現在、多くのイエメン人にとって共和政は勝ち取るものでなく所与のものである。共和国政府のなすべきことは、衛星テレビを通じてイエメン人一般が知っているような「普通の」暮らし、せめて今よりましな生活ができるよう開発を行うことである。経済発展は、国営企業と計画経済によってではなく、自由市場と外資導入を原動力としてこそ達成されよう。そして何より、かつての革命と共和主義が命じる通りに、民主的で自由な社会づくりに向かって(後退ではなく)前進するべきである。

これが半世紀前には予見できなかった新しい時代の姿である。当時の革命政権が描いたものとは異なる新たな時代の姿である。そしてもう一つ、新たな風景がある。統一によってイエメン共和国が誕生した一九九〇年当時の人口は一二三〇万人であった。二〇一一年現在の人口は二四二六万人である。ということは、九〇年当時に存在したのと同じ規模の人間集団が、過去二〇年間で誕生した。おなじみのイエメンに「もう一つのイエメン」が加わった。世界銀行のデータによれば、イエメンは一四歳以下の人口が全体の四四％を占める。大学生などの二〇歳前後の人口を含めれば、若年世代が人口の半分、いや半分以上を構成するというのは想像に難くない。

彼らは皆、革命の意義の変化の末期か後に生まれた。若年層にとって、革命の正当性とは民主主義と自由を直接的に意味したし、当然それへの期待を内面化させていた。また彼らは、アラビア語放送の国際ニュース・チャンネルを通じて自国を相対化する視点を持っている。政権を手放しで賞賛するイエメン国営放送の世界の住民ではない。その一方で、昨今のイエメン政治情勢は、民主化路線を逆走していた。大統領及び議員任期の延長、二〇〇九年議会選の二年間の延期（騒乱の勃発により二〇一一年には再延期）、大統領三選禁止条項を廃止する憲法改正案などである。民主的で自由な社会づくりに対する期待度が高い若年層ほど、これらの現状に憤った。

そして、「もう一つのイエメン」の住民である若年層は、雇用への不安に悩んでいる。イエメンは政府も民間部門も新規参入が難しい。首都サヌアの省庁を訪れてみれば、若い職員のほとんどが有力者の子息か近親者である。革命を実行した軍人が政権を運営する中、テクノクラート（文民出身の官僚）が誕生し登用され、一つの層を形成した。このテクノクラート第一世代が官庁で幹部職にまで登りつめると、その子息や同族出身者の縁故採用が常態化した。こうなると有力者の後押しか賄賂なくして公務員の採用を勝ち取ることは極めて難しい。民間企業も同様である。イエメンの企業形態は、家族や部族単位の経営が圧倒的に多い。就職口は血縁に沿って分配される。

つまり、開放的で手続き化された新規雇用の採用窓口が官民双方に存在しない。雇用と昇進を優先的に得られるか否かは、パワーを持っている人間との血縁的な距離で半ば先天的に決まってしまう。硬直化した就職窓口の向こうには、激増した若年求職者が長い列を作っている。

イエメン経済の最大発注元は、海外援助と石油収入を握っている政府である。政府の発注は、血縁と縁故のネットワークに沿って受注されていく。人口全体が一定以下の時、このネットワークは不均等ながらも全体として満足を与える余地があった。とくに経済成長によって経済全体が量的に拡大していた時はそうであった。しかし現在、時代の変化に合わせた利益配分ネットワークの適合と調整が行われない一方で、爆発的に増加した若者世代が恩恵からあぶれている。彼らが顔を上げると、排他的な利益配分ネットワークのはるか頂点にサーレハ大統領がいた。

（9）停電と暗闇の向こうに

本論では、昨今のイエメン騒乱の背景となった長期的要因を取り上げた。それは民主主義と自由

イエメンはどこへ行っても子供が多く、笑顔で迎えてくれる

が、イエメン国家の根幹的な価値である「革命」理念の最前列に押し出される長い地殻変動であった。かくして、達成されるべき民主化と自由のハードルは高まった。他方、この地殻変動に逆行して摩擦を生んだのは、（負の課題と化した）開発政策の不調と手詰まりであった。摩擦の苦しみは、とくに若年世代に集中した。この世代は、民主主義と自由への高い期待度をすっかり内面化した、先述の地殻変動の申し子である。彼らの苦悩は、新規参入障壁に囲われた利益分配ネットワークから阻害されたというだけではない。民主主義と自由に対する期待度が高い分だけ、現実とのギャップに余計に苦しみ憤慨した。

本論では時局的な側面をほとんど取り上げなかった。サウジからの帰国を宣言したサーレハ大統領の巻き返し戦略や、反体制派が組織した横断的な「国民評議会」の今後の動向（すでに内部離脱が報じられている）はいずれも気になるところである。しかし、本書が読者の手に届く頃には、論点は一変しているかもしれない。時局的な推移は、執筆から出版までのタイムラグを軽やかに飛び越えてゆく。アラブ民衆革命はインターネットやツイッターに乗って音速で展開した。他方、これを追う中東研究者の側も同じくウェブ上で調査と暫定報告を行っている。この新しい並走は、イエメン研究についても例外ではない[4]。

時局的な側面をフォローすることは重要である。そして、そのうちのどの出来事が事態の推移を決定的に方向づけるのか見極めることはもっと重要である。アラブ民衆革命に関する諸要因の見取り図は未完である。革命が未完だからである。

二〇一一年初頭にデモが始まって以降、イエメンの経済と生活インフラは悪化の一途をたどっている。二〇一一年二月には日量二七万バレルあった原油生産は、五月までに日量一五万バレルにまで急落した。一日一〇時間以上も停電の続く日が珍しくない。人々は困窮している。二〇一一年の断食月ラマダーンは、多くの人々が暗闇の中で過ごした。民主主義と自由への要求が生活悪化の上に成り立っているのであれば、事態の長期化は民衆革命に暗い影を投げかけるだろう。

《注》

［1］イエメン国軍倫理指導局情報センター発行『イエメン革命記念日におけるアリー・アブドッラー・サーレハ共和国大統領の政治演説／一九七八―二〇〇二』（二〇〇二年、原文はアラビア語）の一五―一六頁。
［2］松本弘「イエメンは『独裁国家』か？」『現代思想』三九―四号、青土社、二〇一一年四月、二〇六―二一一頁。
［3］Burrowes, Robert D., *Historical Dictionary of Yemen* (*1st ed.*), Scarecrow Press, 1995, p. 20
［4］日本イエメン友好協会サイト内の佐藤寛氏による連載「イエメンはどこに行く」や、松本弘氏によるオンライン・データベース（人間文化研究機構「イスラーム地域研究／民主化研究班」内）がある。また拙稿「サーレハ・イエメン大統領のサウジ出国／六七年のフラッシュバック」は、高橋和夫氏の国際政治ブログ内にて閲覧可。

3　サウディアラビア――迫られる抜本的改革――

（1）はじめに

二〇一一年八月までに、「アラブの春」と呼ばれる民主化運動は、春の息吹と、怒り狂う砂嵐の両面を見せつけているように感じられる。「アラブの春」の「息吹」とは、デモ活動に参加する若者が、治安当局や政権に雇われた民兵と対決するような厳しい対決の場にありながら、人間の尊厳を伴う精彩を取り戻していることである。他方、「アラブの春」が見せつけてきた強力な活動力や改革力は、あらゆる物体を吹き飛ばす「砂嵐」のようである。権威主義政権によって警察力が行使されるほどに、国民による抵抗運動や国際社会の反発が強化されてきた。

「アラブの春」はサウディアラビアに到達するであろうか。これまでのところは、三月一一日の「怒りの日」デモが当局の厳戒態勢によって解散させられ、その後には大きなデモ行動が起きていないこと、またアブドゥッラー国王が、病気療養から帰国した後となる三月一八日に大規模な改革パッケージを提案したことから、サウディアラビアの安定性を支持する見解が優勢である。だが、「アラブの春」は予想を超えてアラブ各国に波及してきたのである。

本論では、サウディアラビアの政治経済改革は、一九九八年に開始されてから現在までに、今後サウード家による支配が生存するために必要な目標を達成していないと評価される。また、改革のペースが加速されない限り、今後、他のアラブの国と同じように、国家規模の反政府運動が育つ余地は否定できないと考える。サウディアラビアでも、空約束、失業、汚職、警察国家化などが政府の特徴となりつつあり、一見すると国民は沈黙したままであるが、平和的民主化運動への期待が高まってきた。

（2）「空約束」の連発――「改革導入期」（一九九八年‐二〇一〇年）の政治改革――

一九九八年、サウディアラビアは、政治自由化への一歩を踏み出した。まずはインターネット解禁が実施された。以下、本稿では、一九九八年‐二〇一〇年をサウディアラビアの「改革導入期」と呼ぶこととする。「改革導入期」にアブドゥッラー国王が主導してきた改革は、民営化による効率化、経済自由化、ビックプロジェクトの推進によって知識社会を形成し、経済成長を達成して国際競争力を強化しながら、若者の雇用を確保する戦略であった。だが政治的には、「体制派エリートの組み替え」改革に終わったと総括することができよう。

サウディアラビアには、体制崩壊の危機と噂された瞬間があった。WTI石油先物価格が一一ドル／D代まで低下した一九九八年であった。体制派エリートの間では、サウード家の支配体制がもはや持続できないかもしれないという危機意識が広まっていた。だが、体制派エリートは、サウード家に代わる政治組織を見出すことはなかった。二〇〇〇年以降の油価の上昇により、サウード家と体制派エリートは一息をついた。

二〇〇一年には、諮問評議会の改革案が当地紙上で議論されたことがあった。諮問評議会への選挙制度の導入と立法権の付与、女性議員の任命などの提案であった。これらに対してサウディアラビア政府は、骨抜きの改革案の代案を導入しただけであった。近年は、議員たちには改革推進の中核になろうという気概が感じられない。

結局、選挙制度の導入に関しては、二〇〇五年の地方評議会選挙が実施されたのみである。二〇一一年九月二二日には、二五八の地方政府で一六三二議席をめぐる第二回地方評議会統一選挙が実施される予定である。だが、本来予定されていた二〇〇九年には選挙の実施が見送られ、二年遅れの実施という措置であることから、アラブの春に直面した政府による「ガス抜き」の試みに見える。現職議員の九〇%は、立候補はしないと表明した。サウディアラビアの男性活動家たちは、投票をボイコットするべきだと国民に呼びかけている。

二〇〇一年に設置された六つの最高評議会（経済、石油、情報、観光、司法、イスラーム問題の各分野）は、サウディアラビア経済を改革する契機となることが期待された。民間会社重役、若手プリンス、米国で博士号を取得したテクノクラートなどの抜擢人事が政策を変えた。これらの「上からの改革」では、国民一般の生活を改善する「エリートの真剣さ」が問われたと言えるが、今から振り返ると、サウディアラビア政治が、王族や宗教界の保守性の壁を乗り越えることができず、真に庶民レベルの目線の政策を実施できなかった要因になったと言える。

「改革導入期」の政治改革は、実質的には二〇〇五年までには停滞に陥ってしまった。それが深刻な国内問題にならずに済んだ理由は、油価が上昇に転じたことと、二〇〇三年から〇七年に、「アラビア半島のアル・カーイダ（QAP）」[1]によるテロ活動がサウディアラビアで吹き荒れたからであった。テロリズムに対する批判を高めた国民の間では政府批判の論調は抑制された。

かつて一九九五年にリヤドで爆破事件が発生した際のサウディアラビア政府の広報政策は、「沈黙し、隠蔽する」であった。「改革導入期」以前のサウディアラビア政府は、テロ対策に限らず、国民に対して「沈黙」する行動が特徴であった。だが、QAPによるテロ活動が連続した二〇〇三年以降は、テロリスト情報を開示し、「国民の協力を期待する」手法に転換した。この新しい情報公開は、国民に歓迎された。

テロ対策は、インターネットにおいてサウディ国民が政治的意見を表明する契機にもなった。『ワタン（祖国）』紙は、改革やテロ対策の充実を求める人々の書き込みサイト「祖国のための請願に署名する人々」を開設した。その冒頭には、国王、皇太子、国防相、内務相、全州知事たちに宛てて新聞社によって書かれた一ページの書簡があり、それに同意した読者が実名で署名してコメントを書き込む仕組みになっていた[2]。そこには、二〇〇三年一〇月までに千名以上が、「テロ対策を進めて欲しい」といった趣旨を署名入りで書き込んだ。このサイトは、国民の誰もが閲覧して書き込める画期的な場となり、また、当時、最多の国民が署名した「嘆願書」となった。

国民や政治活動家たちは、閣僚による一つ一つの些細な言葉を記憶しているわけではないが、「期待が裏切り続けられてきた」という印象を現在までに強く抱くようになった。二〇〇三年一月一五日に嘆願書をアブドゥッラー国王に手渡した知識人は、国王は立憲王政を約束したのに何も実施しないと考えている。女性の地位に問題に関しては、二〇〇五年四月、アブドゥッラー国王（当時皇太子）は、「五年以内に女性に対するサウディアラビア社会の姿勢が変革することを期待する」と発言していた。だが現在、立憲王政への移行、諮問評議会への選挙導入、女性の社会参加などの主な改革案は、すべて停滞したままである。そして行政の非効率や腐敗の問題が身近な問題に浮上して来た。サウディアラビアで短期間に全面的な民主化を導入するのは危険が大きすぎるが、漸進的改革を封じてよいわけではない。

（3）二〇一一年の民主化運動：質的な変化の胎動

現在、ウェブサイトやフェイスブックでは、サウディアラビア人活動家が意見表明を行っている。ツイッターでも、活動家たちが呟いている。一九九〇年代の活動家は政府に追われると急いで亡命したり、謹慎を命じられると活動が停止したりした者も多かったが、現代の活動家は、何度か拘束されても釈放されると国内で活動を再開しているように、多少のことは恐れなくなってきた。

二〇一一年一月の段階では、サウディアラビア政府の行政上の非効率や、貧困の拡大を批判する国民の行動が見られていた。他のアラブ諸国の影響があると見られるが、数名のサウディアラビア人による焼身自殺が見られた。名前や動機は公表されていない。

政治的自由を求める活動が次第に明確になってきている。二〇〇九年一〇月に発足したＮＧＯ団体「市民的および政治的権利に関する人権協会」は、政治活動家の釈放を要求したり、拷問を批判したりしてきたが、二〇一一年一月八日、人権を過度に抑圧しているとしてナーイフ内務大臣の罷免を要求する嘆願書を国王に送付した[3]。二月七日、五〇名程度の女性が、リヤドの内務省庁舎の前に集結し、逮捕令状もなく拘束された夫、家族、親族などの釈放を求めた。

行政に対する国民の怒りが最も爆発しているのは、前代未聞のジェッダ洪水問題である。サウディアラビアの都市建設では、洪水対策は、最も欠陥が明白な問題となってきたが、遂に多くの犠牲者が生じてしまった。二〇〇九年一一月二五日に発生した洪水により、一二二名が犠牲になり、現在まで三五〇名が行方不明と言われている。しかも、二〇一〇年には対策工事の遅れが報道されていた。そして、二〇一一年一月二六日に再発した洪水では、再度、多数の犠牲者が出てしまった。

二〇一一年の洪水での被害の詳細は、政府が沈黙しているので、大変にわかりにくく、「ジェッダ洪水と政府の沈黙に関するニュース」というフェイスブックのサイトが立ち上げられているほどである。支援物資の送付にも手間取った政府への批判は高まり、二〇一一年一月二八日、洪水問題に抗議する約五〇名がジェッダ庁舎の前でデモをしたが、全員が拘束された。そして、その様子は二、三日間、ユーチューブで閲覧できたという。四月に、調査委員会が二〇〇九年の洪水の原因に関する調査結果を発表し、八月には、元ジェッダ市長の汚職や専門家の判断ミスが指摘されている。非王族による行政の対応に責任が転嫁されそうな気配だが[4]、庶民感情は王政にも不満を残すだろう。

エジプトの「一月二五日革命」運動の勢いに、サウディアラビアの政治活動家は勢いづいた。二月九日、サウディアラビア初の政党を自称するウンマ・イスラーム党の設置が宣言された。彼らは、拘束されてしまったが、同党のウェブサイトには、二六二件の書き込みが見られ、その内容は、「待ち侘びていた」、「我々の要求が実現するまで〔活動して下さい〕」、「人々との扉を開いた」など、大変に好意的である[5]。

二月二三～二七日、若者、女性、リベラル派、イスラーム主義者などの別々のグループによって五つの嘆願書が国王に送付され、少なくとも約二千名が署名していたと見られる。それらの改革要求の内容は、諮問評議会への選挙制度の導入、汚職対策、失業対策などで、主要な点は共通している。ただし、女性の地位問題は見解が分かれている。より重要なのは、国王に嘆願書を送付しても結局は無視されるだけであろうことが理解されているのかである。今後は、デモなどの行動を伴う運動に脱却するのかが鍵である。

また、二月二七日、政府は、民主化、マイノリティの権利、失業対策などについてモスクで演説したシーア派聖職者を拘束した。また、三月五日、シーア派の街頭デモ参加者二二名を逮捕し、内務省は、デモの禁止を国民に冷たく通達した。シーア派の活動は以後も続き、逮捕者も百名を超えたようである。サウディアラビア国民の大半は、イエメンやリビアのように内乱に陥る事態や、内務省の強硬な措置を目の当たりにして、自国内での「過剰な」改革運動には「尻込み」する心理に陥ったようである。

サウディアラビアの「怒りの日」が二月からフェイスブックで呼びかけられ始め、一日目に一六〇〇名が登録したと言う。ただし、その組織者は不明だったこともあり、支持が伸びなかった。「怒りの日」には、全国で警官数千名が配置された。首都リヤドでは、デモが予測された街路に厳戒態勢が敷かれた。デモ参加者の集結すらままならず、治安当局側の「怒りの日」になった。フェイスブックやウェブサイトの民主化運動は、まだ多くのサウディアラビア人を組織化している状況ではない。また政府は、インターネットやフェイスブック上のサイトをいくつか閉鎖した。警察力の勝利であった。

だが、サウディアラビアでは、女性の活動によって抵抗運動が継続した。女性参政権を求めるバラディー（わたしのくに）運動である。四月二六日、ジェッダの投票登録所に、女性が押しかけた。女性たちは、「権利を得るまであきらめないわ」と口にして、男性職員と押し合いになった。四月二七日、嘆願書が、アブドゥッラー国王宛てに提出された。地方評議会での参政権獲得にはシンボリックな意味しかなく、バラディー運動は、女性の期待に応えるにはまだ力不足だが、アラビア語サイトを中心にして正当な意見表明を継続している点は注目される。

女性の地位向上運動は、運転許可の要求に焦点が合わせられてきた。二〇〇七年九月二三日の建国記念日には、一一〇〇名の女性が国王に嘆願書を提出した[6]。二〇一一年に入り、五月二日、自動車をサウディアラビア国内で運転した女性五名が逮捕された。その後、五月二一日、マナール・シャリーフさんが東部のフバルで運転し、同日から九日間拘束されたが、彼女は、以後の運動でシンボルとされている。五月二五日、フェイスブックでは「われわれはみなマナール・シャリーフ」というサイトが開設され、マナールの釈放を求める国王宛の嘆願書には署名が一一〇〇名を超えた。六月一七日には、ジェッダで女性四二名が一斉に自動車を運転し、運転の様子がウェブサイトに掲載された。運動の方法には、目標の絞り込み、ＩＴの巧みな活用、シンボル操作に向上が見られるようになってきた。ただし、フェイスブックのサイトは、頻繁に閉鎖や再開がされているようである。その後には、散発的に集団の女性による運転が報道されている。

当分、サウディアラビアの男性たちは、女性の抵抗運動に拒否感をもつ者が多いだろう。フェイスブックには、「われわれはみなマナール・シャリーフに反対」といったサイトが現れた。だが、より重要な点は、身近な運動から抵抗運動のモデルを学習する機会を得ることである。以前のサウディアラビアでは、政治的無関心が常態であり、抵抗運動の文化は育つ機会がないに等しかった。治安当局の対応は厳しいと感じられているが、若者の大半は、今以上の表現の自由には賛成しつつあり、また、テロリズム、失業、貧困、汚職を恐れているので、運動拡大の「土壌」は耕されつつある。

（4）失業と貧困

サウディアラビアのマクロ経済は、一見すると良好に見える。だが、マクロ経済の推移を観察していても、チュニジアとエジプトの革命を予測できなかった教訓は重たい。

サウディフランス銀行の推計に基づくと、サウディアラビア若者の失業率は、油価が上昇しても経済成長が持続しても、着実に悪化してきた。二〇〇九年、年齢三〇歳以下の若者は人口の六六％を占めていたが、失業率が二七％に達していた。とくに二〇〜二四歳の失業率は、実に三九・三％に達していた[7]。これらは、他の諸国では革命を引き起こしうる水準である。だがサウディアラビアでは、大衆的政治運動が未熟なままである。

二〇〇九年にサウディアラビアでは九八万二四二〇件の新規ビザが外国人労働者に発給された。これは、二〇〇五年の約二倍の水準であった。一方では、サウディアラビア人の失業者が増加してきた。二〇一一年、失業者の増加に関する「犯人捜し」が行われ、サウディアラビア人労働者を約一〇％しか雇用しない民間部門が悪者にされた。そして、二〇一一年六月に労働省によってニターカート（段階）制度が導入された。ニターカート制度は、民間企業に対して、会社規模や業種によって異なる比率でサウディアラビア人労働者の雇用を義務づけるプログラムで、二〇一一年九月一〇日を締め切りとして告知された。

制度の開始時点で、民間企業の二〇％は基準値を達成していなかった[8]。企業経営者が、賃金が安く熟練した外国人労働者に優先して雇用したくなるような、職能水準や勤労倫理の高いサウディアラビア人が現在でも労働市場へ十分に供給されないままである。

サウディアラビア政府は、失業時限爆弾の危険を早くから察知して対策を講じてきた。サウディアラビア人材開発基金（ＨＲＤＦ）は、二〇〇〇年に設置され、職業訓練を引き受けた民間企業に対して、初期（三ヵ月）の訓練費用と給与支払い（二年間）を補助してきた。しかし、高卒者や中卒者の職業訓練に関しては、HRDFの予算や権限がさらに強化され、柔軟な政策的取り組みが導入されるべきだったと言えるのではないか。

サウディアラビアでは、就職している若者の間に現実のものとなってきた相対的貧困が深刻である。九〇年代のサウディアラビア人の給与水準は、同じ業務を遂行しても、外国人労働者の二、三倍程度の高水準を保ったが、現在では企業は市場原理に反する高い賃金を支払いたくないのが本心である。平均的なサウディアラビア人の賃金水準は、二〇〇九年、管理職でも八千SR（約一六万円：一SR＝約二〇円）を下回る。妻、両親、子供五人を養うサウディアラビアの平均的な家庭をイメージすると、この家計は楽ではない。実際には、サウディアラビア人労働者の約六割を占めると見られる高卒や中卒の労働者の平均的な給与水準は、三千〜四千SRである[9]。この水準では、自力では結婚はできない。若者には、「貧困」から抜け出せないだろうという将来観が着実に広まりつつある。

政府発表によると二〇一一年七月のインフレ率は、四・九％であり、抑制されているように見える。だが、マクロ統計は、国民の生活実感をコンスタントに捉え続ける注意が必要である。七月一〇日付報道では、二週間前に、エジプト、シリア、イエメンからの輸入に依存した肉や野菜といった食料品が二〇〜三〇％高騰したと報じられている[10]。

サウディアラビアの消費生活については、市場原理の導入による改革が試みられてきた。個人自動車ローンは、過去一〇年間に消費者に定着した。だが住宅に関しては、二〇一五年までに一二〇万戸の住居が必要であるが、二〇一一年四月に検討中の新住宅担保貸し付け法は、成立しても、五万五〇〇〇戸にしか裨益効果が生じないと報道されている。しかも、住宅担保貸し付けにはリスクが多く、新法が機能するのか否かの見通しもまだ明白ではないという[11]。

若者の失業率の上昇や貧困の拡大は、一九九〇年代から予測された通りの事態でしかないことが深刻さを増しているように見える。サウディアラビアの人口爆発を労働市場が吸収するためには、毎年、実質六％の経済成長が必要であると試算されているが[12]、二〇一〇年以降では一度しか達成されていないので、相当に難しいと見られる。

サウディアラビア経済の起爆剤として、アブドゥッラー国王経済都市の建設が構想され、GDP一五〇〇億ドルと雇用一〇〇万人の創出に貢献する計画だが、二〇二五年に完成予定である。また、アブドゥッラー国王科学技術都市（KAUST）が、二〇二〇年までに科学技術分野で世界のトップ一〇に入るという野心的な目標を掲げている。だが、それらは、サウディアラビアの現在の危機の原因である賃金構造や労働構造の変革に間に合うのかが焦点となる。

二〇〇七年からサウディアラビアの犯罪率が上昇してきた。二〇〇七年から〇八年にかけて、犯罪総件数は七万八七三七件へと一四％増加した。サウディアラビアのような男女分離政策の国で、性犯罪の件数が二万七〇〇〇件を超えたのは、以前には考えにくい事態である。犯罪増加の原因は、シャリーア刑法の施行で厳格さが失われてきたからではないかと観測されており[13]、政治的影響も及ぼしえる問題だが、貧困層の拡大と切り離して考えることはできないだろう。失業や貧困が拡大していることから、国民の批判は、汚職の問題に向いているが、それを表明する場がないままである。

(5) 汚職、王政、宗教

サウディアラビアでは、公的機関と民間部門の両方で、財政に関する監査は不透明である。諮問評議会は、設置以来、財政問題に関する監査や討議に真剣に取り組んでこなかった。二〇一〇年一月に、政府機構によって財政での汚職対策の取り組みが開始されたが、間もなく停滞した事件が報じられている。発端は、総監査庁(GAB:General Auditing Bureau)のウサーマ・ファキーフ長官が、政府機関による財政支出における不正な支払いや規則違反、事業の停滞に関する報告書を提出し、改善をアブドゥッラー国王宛に勧告したことであった[14]。

だが、その後、事態は意外な方向に推移してきた。二〇一一年六月、試問評議会の議員数名が、総監査庁は、二〇〇八~〇九年の財政年度の政府支出におけるSR二五〇億の浪費を回収しなかったとして、攻撃を開始し、同庁の組織改革や廃止に言及していると報じられた[15]。なぜ汚職対策の問題が、それを提起したGABに対する攻撃に転化したのか、理解しにくい展開である。

二〇一一年六月、ヨーロッパのEADSグループとの三三億ドルの防衛契約の発注に関わる贈賄容疑で、サウディアラビアの内務省と国防省の高官約一〇名が逮捕されたと国外で報道された[16]

が、サウディアラビア国内では、報道されていないようである。また、ここでも、非王族の高官のみが責任をかけられているようである。国内での本格的な汚職対策キャンペーンの開始は、本来国民にとって喜ばしいニュースのはずであるが、この逮捕は、英国でのサウディの汚職追及を隠蔽するための対応でしかないようである。

本論のここまでの検討からは、強力なリーダーシップが新規に発揮されない限り、サウディアラビアの政治改革と経済改革の加速は難しいと考えられよう。行政の非効率や汚職を非王族のテクノクラートの落ち度にし続けると、これまで体制を支えてきたエリートによる王政への支持が消極的になってしまう危険がある。だが、サウード家長老は、息子への王位継承にとらわれており、政治的指導力は低下する一方に見える。

二〇〇七年に王位継承に関する決定機関として設置されたバイア（忠誠）評議会は、会議を開催しても出席を拒否するメンバーがおり、調整の役目を果たしていない。アブドゥッラー国王、スルターン国防航空相、ナーイフ内相の三大家によって、国家警備隊、国防省、内務省、外務省の大臣職の分配と継承が確定しつつあるが、王族内の対立関係が固定化してしまったせいで、今後は、路線修正のために強力なリーダーシップが発揮されない危険が高まっている。アブドゥッラー国王は、国民から「深く敬愛されている」と西側では観測されているが、実のところ、国民は反王制という嫌疑をかけられたくないので、王族のイニシアティブによる改革推進を期待する深層心理が働いている。

かつてのサウディアラビア政治では、人々の声を代弁するイスラーム学者の存在が暖かみを添えていた。先の最高法官、ビン・バーズ師（一九九九年没）は、一九三〇年代から王族の誤りに対して意見する正義感の強さから、サウディアラビア国民に慕われていた。そして、最高法官になってからも、訪問してくる国民のすべてを接見していたという。現在では、王族や宗教者による国民接見（マジュリス）は、閉鎖的になり、誰もが訪問できる場ではなくなった。それは、高官がアル・カーイダによるテロを恐れるようになったことに一因がある。また、二〇一一年二月七日、現在のアブドゥルアズィーズ最高法官は、「デモの継続は、政府と人々の間に内乱を扇動する」と発言した。長老イスラーム学者たちは、サウード家に正当性を付与してきた「権力者の御用学者」として、近年、国民の間で信頼感が摩耗してきた。

他方、国民の人気が高いのは、最高ウラマー会議などには属さない「在野」のサルマーン・アウダ師などである。アウダ師は、法学的解釈を威圧的に布告したりはせず、政治社会問題に関してわかりやすく意見を述べる。また、彼の解釈は、かつては過剰に反米であり、政府によって数年間軟禁された経験があるが、国民に寄り添うスタイルを保ってきた。彼は、二〇一一年二月一二日、「新しいエジプト」と「平和的革命」を歓迎するコメントを発した。彼は、「感嘆すべきことに、タハリール広場の革命は、他人を脅迫して生きる行為が、イスラームの道を踏み外すものだと見出した」と述べたが、彼の飾らない表現には驚かされる。また、人々を殺害する支配者は適任ではないし、大衆には抗議する権利があると言う。彼のインタビュー記事への書き込み欄には、二〇件を超える彼への賛意が示された。そして彼は、二月二五日、国王に改革の嘆願書を送った[17]。もしも将来、サウディアラビア若者の運動家たちと、アウダ師のような国民に人気のあるイスラーム学者の動向が合流したとしたら、サウディアラビアの世論は民主化推進へと進むであろうか。まずは、何といっても政治経済改革の進展と繁栄の持続が期待される。

（二〇一一年九月五日脱稿）

《注》

［1］「サウディアラビアのアル・カーイダ」と欧米では呼ばれたこともある。二〇〇七年に壊滅的打撃を受けたあと、二〇〇九年に「イエメンのアル・カーイダ」と合併した。

［2］“•Arīḍah min Ajli al-Waṭan,” *Waṭan*, http://www.alwatan.co.sa/info/ForAlwatan.htm［2003/10/13］

［3］“Saudi Arabia : Rights Group Pans Prince. *The New York Times*. January 8, 2011（電子版）

［4］“302 Face Flood Probe.” Arab News. April 21, 2011. “My Aide Misled Me, Ex-Jeddah Mayor Tells Court.” *Saudi Gazette*. August 10, 2011. 電子版；フェイスブックサイト、“Akhbār Suyūl Jiddah wa al-Ṣamt al-Ḥukūmī.”

［5］“Raīsiyah” Ḥizb al-Ummah al-Islāmiyah, http://www.islamicommaparty.com/Portals/Content/?info=TkRreEpsTjFZbEJoWjJVbU｜TWmhjbUk9K3U=.jsp［2011/08/22］

［6］Alliance of Youth Movement. *Summit. Attendee Biographies*. p. 8. http://allyoumov.3cdn.net/f734ac45131b2bbcdb_w6m6idptn.pdf［2001/09/05］

[7] "Employment Quandary: Urgency for Reform." *SUSTEG*. February 18, 2011. http://www.susris.com/2011/02/18/employment-quandary-urgency-for-reform/ [2011/08/25]

[8] "Nitaqt to End Trade in Work Visas: Fakeih." *Arab News*. July 12, 2011. 電子版

[9] Banque Saudi Fransi. "Employment Quandary." February 16. 2011. http://www.alfransi.com.sa/en/general/download/file/*1045* [2011/08/25]

[10] "Unholy Price Rise before Holy Month Bites Consumers Hard." *Arab News*. July 10, 2011. 電子版

[11] "Still No Home Comforts for Draft Saudi Mortgage Law." *Arab News*. April 21, 2011. 電子版

[12] "Employment Quandary: Urgency for Reform." *SUSTEG*. February 18, 2011. http://www.susris.com/2011/02/18/employment-quandary-urgency-for-reform/ [2011/08/25]

[13] "Crime in Kingdom Up by 14 Percent." *Arab News*. August 13, 2009. 電子版

[14] "Saudi Public Sector Hit by Corruption" *EMIRATES* 24/7. April 17, 2011. 電子版

[15] "Saudi State Auditing Body under Fire" *EMIRATES* 24/7. June 17, 2011. 電子版

[16] "Saudis Mount Cleanup amid Defense Scandal." *UPI. Com*. June 10, 2011. 電子版

[17] Salmān al-'Awdah "Udkhulū Miṣr Amīnīna." In Facebook. February 12, 2011; "Ḥākim Alladhī Yaqtul Sha'abi-hi Laysa Jadīran Bi-him." *Islām al-Yawm*. February 20, 2011. (http://islamtoday.net/albasheer/artshow-12-146356.htm).; "'Arīḍat al-Iṣlāḥāt al-Muqaddimah li-Khādim al-Ḥaramayni min al-Shaykh Salmān al-'Awdah wa 'Adād min al-Nāshiṭīn." *Muntadiyāt Rafḥā*. http://www.rafha.com/vb/t49987/ [2011/08/25]

アラブ民衆革命の推移

〔福富満久 作成〕

北アフリカ諸国

	2010年12月	2011年1月
チュニジア	一七日、シディ・ブジードで警察が路上販売を行っていた若者を無許可理由に摘発、暴行。若者は抗議のため焼身自殺を図る。一八日、シディ・ブジードで抗議デモ発生。	四日、自殺を図った若者が死去。デモ拡大へ。一二日、反政府デモ拡大を受け、カシム内相解任。政府、夜間外出禁止令を敷き、治安維持のため国軍を投入。一四日、ベン・アリ大統領、サウディアラビアへ出国。二三年間にわたった独裁体制が崩壊。一五日、憲法評議会はメバザア下院議長を暫定大統領に指名。六〇日以内の大統領選実施を発表（のちに延期）。一七日、ガンヌーシ首相、新内閣の布陣を発表。
エジプト		ネット上で、反政府抗議行動の呼びかけが相次ぐ。二五日、カイロ、アレキサンドリアなどで大規模デモ。二八日、金曜礼拝後に各地で大規模デモ。二九日、ムバーラク大統領テレビ演説、自身の辞任を否定。
アルジェリア		一五日から三日間、国内七都市で焼身自殺を図る事例が発生。二二日、首都アルジェで約三〇〇人のデモ発生。
リビア		

2月	3月
四日、シディ・ブジードでデモ隊と警官隊が衝突。 四日、EUベン・アリ側近の資産凍結。 六日、内務省、RCDの活動禁止。 二七日、ガンヌーシ首相辞任。新首相にカーイド・エル・セブシ元外相。	三日、チュニスで政変後の民主化デモで5名が死亡。 九日、チュニス地裁がRCDの解党を命令。
一日、反体制派一〇〇万人デモを呼びかけ。全土に反政府行動拡大。 四日、大統領の即時退陣を求める大規模デモ。 一一日、ムバーラク大統領辞任。 一三日、軍最高評議会が、憲法の停止人民議会（国会）の解散等を発表。 二二日、内閣改造、野党からも入閣。 二六日、憲法改正案が明らかに。	三日、シャフィーク首相が辞任し、新首相にシャラフ氏（元運輸相）が任命される。 一九日、憲法改正の国民投票実施。賛成多数により承認。
一二日、首都アルジェで民主化を求める数千人のデモ発生。 一三日、東部アンナバで数百人のデモ発生。警官隊と衝突。 二四日、非常事態宣言を解除。	一六日、アルジェで民主化や雇用改善を要求する数百人のデモ発生。
一五日、ベンガジで反政府デモ発生。 一七日、反体制派は「怒りの日」として抗議。治安部隊と衝突、二〇人以上死亡。 二〇日、ベンガジで大規模抗議。二〇〇人以上が死亡と報じられる。 二二日、カダフィ退陣を否定。 二七日、ベンガジで新政権樹立の動き。 二八日、EU経済制裁決定。	三日、国際刑事裁判所（ICC）が、反政府デモ弾圧でカダフィの捜査に着手。 五日、国民評議会正式発足。 九～一〇日、政府軍ラスラヌフの石油施設空爆。 一七日、国連安保理リビア上空の飛行禁止区域設定。 一九日、巡航ミサイルでの攻撃・空爆開始。 二七日、作戦指揮権がNATOに。 二九日、米欧、アラブ諸国などによる初の外相級会合がロンドンで開催。

4月	5月
一日、経済改善のための四万人の雇用創出計画を発表。 一五日、在チュニス・サウディアラビア大使館前でベン・アリ大統領の身柄引き渡しを求めるデモ。	五～八日、チュニスでデモ。暫定政府の総辞職要求。海外ジャーナリストが当局に拘束。 一一日、政府、ベン・アリ大統領を殺人容疑での告訴を表明。
八～九日、改革の加速等を訴える数万人規模のデモが発生。 一〇日、ムバーラク、検察当局に拘束。 一三日、ムバーラクの二人の子息不正蓄財の容疑で身柄を拘束。 一六日、裁判所NDPの解散を命じる。	一九日、米オバマ大統領、MENA政策演説で二〇億ドル規模の経済支援を表明。 二四日、ムバーラク子息二人、起訴。 二七日、G八首脳会談後、総額四〇〇億規模の経済支援を約束。
七日、世界的に著名なアルジェリア人作家ヤスミナ・カドラがアルジェリアは変わる時だと意見表明。 一五日、ブーテフリカ大統領憲法改正を約束。	政府、一一年の補正予算で前年比二五％増の財政出動を検討と示唆。
一一日、国民評議会AUの停戦案拒否。 一九～二〇日、英仏伊が、反体制派支援のため軍事顧問団を表明。 三〇日、カダフィ六男と孫が空爆で死亡。	五日、米欧日、アラブ諸国など二二ヵ国、国連による外相級会合がローマで開催。反体制派支援のための基金設立へ。 一三日、国民評議会委員長（首相）訪米。 一五日、国連事務総長特使リビアへ。 一九日、米オバマ大統領、MENA政策演説でカダフィ政権を非難、リビアの民主化に一層の努力を傾けると表明。 二七日、ロシアのメドヴェージェフ大統領、カダフィの退陣が必要との認識を示す。 三〇日、南ア・ズマ大統領AU調停案を協議。

6月	7月
カーイド・エル・セブシ首相が、憲法制定議会議員選挙を一〇月に延期することを表明。二〇日、カーイド・エル・セブシ首相が、一二年春までに年春までに新憲法を制定する意向を表明。二〇日、前大統領夫妻に対して、公金横領等の罪で、裁判所は禁固三五年および罰金刑に。	四日、前大統領に対して、武器・薬物等の不法所持で禁固一五年および罰金刑が追加。七日、チュニスで約千名がイスラーム原理勢力に対する反対デモ。一五日、チュニスのカスバで七〇〇名のデモ。二八日、裁判所、ベン・アリ前大統領に汚職罪で禁固十五年の判決。
五日、IMFにより三〇億ドルの支援（スタンバイ協定、期間一年）を受けることで合意。六日、ムスリム同胞団が自由公正党として認可取得。二八～二九日、カイロで数千人規模デモ。	八日、民主化の進捗の遅れへの不満により、カイロ他で数万人規模のデモ。一三日、国民議会選挙の実施について軍最高評議会が一〇月か一一月に行う意向と報道。二一日、シャラフ首相が新内閣発足。新設ポスト民主化担当の副首相をはじめ、財務相、外相、通産相らが任命。二九日、カイロで数万人規模のデモ。
一五～一六日、仏ジュペ外相がアルジェ、オランを訪問。経済・治安面の協力関係を協議。	二四日、カダフィ派に武器供与しているとのリビア国民評議会による指摘を否定。
九日、米欧日、アラブ諸国による外相級会合アブダビで開催。反体制派に資金支援へ。一〇～一一日、トリポリ近郊ザウィア、ミスラタで戦闘激化。三〇～七日、一日、AU首脳会議が赤道ギニアで開催、リビアの停戦について協議。	一五日、米欧日、アラブ諸国による外相級会合がトルコで開催。米国は、国民評議会を正式な代表として承認。二七日、英政府が国民評議会を承認。二八日、反体制派軍司令官ユーニス将軍が銃撃を受けて死亡と発表。

8月	9月
一三日、前大統領夫人を含む一族二五人に対し旅券偽造などで有罪判決。一五日、チュニスで民主化の遅延に抗議するデモ隊と警官隊が衝突。	一日、暫定政府非常事態宣言を一一月末まで三ヵ月間延長。
三日、カイロでムバーラク前大統領の初公判が行われる。本人出廷。弾圧、不正蓄財の罪状を否認。一五日、カイロでムバーラク前大統領の第二回公判が行われる。	六日、パレスチナの国連加盟に向けた動きに政府が賛同を表明。六日、ムバラク前大統領の支持派と反対派がカイロ警察学校内に設置された法廷前で衝突。
一四日、南部ティジウズで無差別テロ。二七名負傷。三〇日、アルジェリア政府カダフィ一族の入国を認める。	四日、ウヤヒア首相、カダフィ一族に人道上の庇護を与えると表明。
五日、カダフィ七男ハミスがNATOの空爆で死亡と発表。一五～一八日、反体制派がトリポリ近郊で攻勢を強め、トリポリとチュニジアの間要衝のザウィア、サブラ田の各都市を掌握。二〇～二一日、反体制派がトリポリに進攻。首都の一部を制圧。二二日、アブドルジャリル議長はカダフィ体制終焉を宣言。子息数名も拘束と発表。二三日、反体制派、カダフィ居住区を制圧。二四日、カダフィ大佐支持派との間で戦闘続く。二五日、米・英カダフィ追跡に特殊部隊投入へ。	一日、英・仏両国主催の「友好国会合」がパリで開催。六〇ヵ国以上が参加。凍結資産一五〇億ドルが解除。新国家建設に充当。一日、カダフィ潜伏先から徹底抗戦を宣言。一八日、国民評議会組閣に向けて協議開始。一九日、国連本部にリビア新国旗。

ヨルダン、シリア、イエメンおよびGCC湾岸諸国

	2011年1月	2月
ヨルダン	一六日、首都アンマンで三千人以上のデモ発生。二一日、アンマンで五千人以上の大規模デモ発生。	一日、アブドゥッラー国王、リファイ首相更迭、内閣解散、バヒート首相任命。九日、アブドゥッラー国王バヒート内閣を承認。一八日、政府支持派とデモ隊が衝突。二五日、六〇〇〇人規模のデモが発生。選挙制度改革、雇用改善、物価対策を要求。
シリア		四~五日、ネット上にデモ呼びかけ。不発に。一七日、首都ダマスカスで数百人規模のデモ発生。
イエメン	一六日、首都サナアで学生約千人のデモ発生。二七日、一万五千人規模の大規模デモ発生。	二日、サーレハ大統領一三年時期大統領選不出馬を表明。三日、反体制派即時退陣要求、二万人規模の大規模デモへ。一三~二六日、各地で大規模デモ。デモ隊と治安部隊衝突。二八日、大統領が挙国一致内閣に野党に提案、拒否。
GCC湾岸諸国	末日、バハレーンでネット上で二日、一四を「怒りの日」に。デモを呼びかける。	五日、サウディアラビア内務省デモを禁止。六日、バハレーン首都マナーマで数千人規模のデモ発生。以降デモが続く。八日、クウェート市で暴動発生。一五日、バハレーン「非常事態宣言」一八日、クウェート東部ジャハラで住民一〇〇〇人以上がデモ。二二日、バハレーンで最大規模となるデモ。二六日、シーア派指導者がロンドンから帰国。デモ激化。

3月	4月
抗議デモが断続的に発生。四日、アンマンで金曜礼拝後に数千人規模のデモ。バヒート首相の辞任要求。	一五日、アンマン近郊のザルカで過激派デモ鎮圧中の治安部隊が銃撃を受け複数人がケガ。
一五日、ダマスカスで五〇人規模のデモ発生。一八日、ダルアで数千人規模のデモ。二〇日、ダルアでのデモ拡大。二五日、大規模デモがダマスカスに波及。二九日、オタリ内閣総辞職。これまでに少なくとも六〇名が死亡。	一日、アサド大統領、非常事態法の解除を検討する委員会の設置を指示。三日、サファル農相に組閣を要請。八日、ダルアでデモ隊と治安部隊が衝突、数十人が死亡。九日、ラタキアでデモ隊と治安部隊が衝突。一五日、金曜礼拝後、複数の都市で大規模デモ。一九日、非常事態法解除閣議決定。二二日、金曜礼拝後、主要都市で大規模デモ。米オバマ大統領が武力針圧を強く非難。二六日、人権活動家五〇〇人がこの日までに拘束される。二七日、米国経済制裁案を発表。国連人権委員会、非難決議採択。
三日、反体制派勢力大統領辞任を要求。四日、首都サナア以外でも大規模デモ。一八日、即時退陣を求めるデモ隊と治安部隊が衝突。多数の死傷者。二一日、軍幹部が離反。二二日、大統領一二年一月までに辞任と表明。即時辞任拒否。	一日、金曜礼拝後サヌアにて大規模デモ。五日、GCCが仲介に乗り出す。六日、サーレハ、調停案を拒否。一五日、反体制派、大統領の一五日以内の辞任を要求。大統領拒否。一七日、サナアにて治安部隊がデモ隊に向けて発砲。二五日、南部タイズで、サーレハ退陣要求の数万人のデモ。治安部隊が発砲、多数の死傷者。
四日、サウディアラビア東部にてシーア派住民による小規模デモ発生。二九日、バハレーン・イスラム系最大野党議員が大量辞任。	一四日、バハレーン政府、最大野党会派の解党手続きに着手。二五日、クウェート政府は、リビア国民評議会に約一四九億円相当の支援を決定。

5月	6月
一〇日、アブドゥッラー国王ワシントンを訪問。オバマ大統領と民主化問題を協議。一二日、アブドゥッラー国王ロンドンを訪問。キャメロン首相と民主化問題を協議。	一〇日、国民対話委員会が改革案を提出。
六日、全土で体制打倒を求めるデモ。北西部バニアス、中部ホムスでは戦車がデモ隊に砲撃。一〇日、EUが制裁発動。一三日、UNHCRは、死者七〇〇～八〇〇名、拘束されている者は数千人に上ると発表。一八日、ロシア国連決議を拒否すると明言。二〇日、金曜礼拝後全土で大規模デモが発生。二三日、EU、経済制裁強化案を発表。二五日、安保理メンバーの、英、仏、独、ポルトガルが非難決議案を作成。	一日、政治犯の釈放を開始。三日、国連は三月以降のデモによる死者は千人を超えたと発表。八日、英、仏、独、ポルトガルが武力弾圧停止を求める決議案を国連安保理に提出。一七日、米政府が制裁強化を検討。弾圧に関与している政府関係者をICCへ訴追。二〇日、EU外相理事会開催および、二三～二四日、EU首脳会談で、制裁措置の適用対象を拡大する、と表明。
九日、南西部タイズで大規模な反政府デモ。一一日、治安部隊がデモ隊に実弾射撃、多数の死者。二一日、GCC調停案に野党署名。二二日、サーレハ大統領調停案を拒否。二三～二四日、サナアで武力衝突。二七日、政府軍が反体制派部族を空爆。二九日、タイズで武力衝突、多数の死者。	一日、サナアで治安部隊と反体制武力が衝突。四〇人以上の死者。三日、反体制派大統領府を攻撃。サーレハ大統領負傷。五日、サーレハ大統領サウディアラビアへ入院・治療のため。一五日、アル・カーイダ勢力と政府軍との間で衝突と報道。
八日、サバーハ首長、再指名したナセル首相が率いる新内閣を承認。二一日、バハレーンで服役中の反政府活動家の即時釈放を求めて数百人がデモ。	一一日、バハレーンで数千人がデモ。一六～一七日、同国東部・北部でデモ。

7月
一日、金曜礼拝後に大規模デモ。内閣総辞職、下院議会の解散を要求。
一日、金曜礼拝後に全土で数十万人のデモ。これまでで最大規模。中部の都市ハマを戦車部隊が包囲。ハマは父の時代に徹底弾圧をされた土地で抵抗運動の象徴でもある。 五日、米国務省、ハマでの武力弾圧を非難。 九日、ダマスカスの米、仏大使館が、大統領支持派によって襲撃を受ける。 一一日、米国、政権交代に初めて言及。 一二日、オバマ大統領、アサド大統領は正統性を失っている、と重ねて発言。 一五～一七日、金曜礼拝後、各地で大規模デモが発生。治安部隊と衝突。 二二日、全土で大規模デモが発生。 三一日、ハマに政府軍が戦車部隊を投入。百人以上が死亡と報道。
七日、約一ヵ月ぶりにサーレハ大統領公の場へ。野党などと権力分担をする用意があると発言。 一〇日、ブレナン米大統領補佐兼がリヤドでサーレハ大統領と面会、GCC調停案に署名を求める。 一五日、反体制派勢力、暫定統治組織を発表。
二日、バハレーンで国民対話開始。 一五日、バハレーンでデモ隊に銃撃。 二〇、二二日、バハレーン政府軍がデモを攻撃。 二九日、バハレーンで数万人デモ。

8月	9月
一四日、憲法改正委員会が憲法改正案を国王へ提出。	四日、下院議会で憲法改正へ向けた議論が開始。
三日、国連安保理、アサド政権の弾圧を非難。暴力の即時停止を求める議長声明を採択。 六日、ムアレム外相、年内に公正で透明な選挙を実施すると発言。 八日、サウディアラビア、クウェート、バハレーンが大使を召還、弾圧に抗議。アサド大統領、ハビブ国防相解任、後任にラジャ陸軍参謀長を任命。 一一日、国連安保理、弾圧以来の死者を二千人と発表。 一三日、米・英首脳電話会談。弾圧非難。 一八日、米オバマ大統領、アサド大統領に即辞任を求める声明を発表。EU、英、仏、独も賛同を表明。	一日、クリントン国務長官パリ会合後改めてアサド退陣を要求。制裁強化を呼びかけ。
六日、サーレハ大統領二ヵ月ぶりに退院。帰国のめど立たず。 一七日、反体制派は全国規模の革命評議会を発足。評議会は、一四三名のメンバーで構成予定。 二三日、大統領と同様に負傷していたムジャワル首相帰国。大統領の帰国日程は不明。	一～五日、首都サナアで大統領の帰国反対デモ。 二三日、サーレハ大統領、サウジから三ヵ月半ぶりに帰国。
二日、バハレーン各地でデモ。サウディアラビアに支援要請との報道。 七日、サウディアラビア政府、反体制デモへの武力弾圧を続けるシリア政府を非難し、駐シリア大使召還を決定。	一日、バハレーンの首都マナーマでデモ中に被弾し死亡した一四歳の少年の葬列が一万人規模に発展。政府は責任を否定。 25日、サウディアラビアのアブドゥッラー国王、自治評議会（地方議会）選挙で女性の参政権を認める意向を表明。

執筆者紹介

水谷　周（みずたに　まこと）

一九四八年京都生まれ。京都大学文学部卒業。カイロ大大学、ロンドン大学を経て、歴史学博士（米国ユタ大学）。現在、フリーでアラブ・イスラームを研究し、イスラームを日本になじみやすい形で紹介することを目指す。著書は『アラビア語の歴史』（国書刊行会、二〇一〇年）、『イスラーム信仰とアッラー』（知泉書館、二〇一〇年）、『アフマド・アミーン自伝（解説・訳注）』（第三書館、一九九〇年）、『日本の宗教―過去から未来へ』（アラビア語、ダール・アルクトブ・アルイルミーヤ社、ベイルート、二〇〇七年）など多数。

中川　恵（なかがわ　けい）

東京大学大学院総合文化研究科地域文化研究専攻博士課程修了（学術博士）。専攻は中東・北アフリカ研究。在チュニジア日本大使館専門調査員などを経て、羽衣国際大学現代社会学部教授。著書・論文は「中東の権力構造―19世紀から20世紀のモロッコを事例として―」（京都大学経済学会『経済論叢』第一七六巻第三号、二〇〇五年）、「モロッコ王国」（松本弘編『中東・イスラーム諸国民主化ハンドブック』明石書店、二〇一一年）など。

長沢　栄治（ながさわ　えいじ）

一九五三年山梨県生まれ。一九七六年、東京大学経済学部卒業。特殊法人アジア経済研究所研究員を経て、一九九五年東京大学東洋文化研究所助教授。一九九九年より同研究所教授。専門は近代エジプト社会経済史。近著に *Modern Egypt through Japanese Eyes, A Study on Intellectual and Socio-economic Aspects of Egyptian Nationalism*,（Cairo, Merit Publishing House, 2009）がある。

福富　満久（ふくとみ　みつひさ）

早稲田大学政経学部卒業。二〇〇九年パリ政治学院国際関係Ｐｈ．Ｄ．コース修了。二〇一〇年、早大大学院政治学研究科比較政治領域博士後期課程修了。Ｐｈ．Ｄ．国際関係学（パリ政治学院）、博士政治学（早大）。現在、財務省所管財団法人国際金融情報センター中東部兼アフリカ部主任研究員、青山学院大学総合文化政策学部兼任講師、東大「イスラーム地域研究」拠点グループ「中東政治の構造変容」共同研究員他。主要著書は『中東・北アフリカの体制崩壊と民主化――ＭＥＮＡ市民革命のゆくえ』（岩波書店、二〇一一年）

奥田　敦（おくだ　あつし）

一九六〇年神奈川県生まれ。中央大学法学部卒業。同大学院法学研究科後期博士課程退学。法学

博士。現在、慶應義塾大学総合政策学部教授、アレッポ大学学術交流日本センター副所長。専門はイスラーム学、ガバナンス学、アラビア語。著書論文は『イスラームの豊かさを考える』(中田考と共編著、丸善プラネット、二〇一一年)、「シャリーアの包括性について」(『生と死の法文化』眞田芳憲編、国際書院、二〇一〇年)、『イスラームの人権』(慶應義塾大学出版会、二〇〇五年)など。

石黒　大岳（いしぐろ　ひろたけ）

一九七六年宮崎県生まれ。神戸大学大学院国際文化学研究科博士後期課程修了(学術博士)。現在、神戸大学異文化研究交流センター学術推進研究員、神戸大学・大阪国際大学非常勤講師。主要論文は「バハレーンにおける議会復活と『擬似政党』の活動—政治参加に関するクウェートとの比較の視点から—」(『日本中東学会年報』二五巻二号、二〇〇九年)、「クウェートにおける擬似的政党制の形成」(『日本中東学会年報』二四巻一号、二〇〇八年)など。

川嶋　淳司（かわしま　じゅんじ）

一九八二年静岡県生まれ。早稲田大学政治経済学部卒業。クウェート大学に留学後、放送大学大学院文化科学研究科を修了(修士)。駐日クウェート国大使館職員、在イエメン日本国大使館専門調査員などを経て、現在、放送大学教養学部非常勤講師および同大学院教育支援者を務める。また、駐日イラク共和国大使館で大使補佐を兼任。共著に『一瞬でわかる日本と世界の領土問題』（日本文芸社、二〇一一年）がある。

中村　覚（なかむら　さとる）

一九七〇年北海道生まれ。一九九三年東京外国語大学アラビア語学科卒業。二〇〇二年東北大学国際文化研究科博士後期課程修了。在サウジアラビア日本国大使館専門調査員（一九九四～一九九七年）。二〇〇二年神戸大学国際文化学研究科助教授。二〇〇七年より同研究科准教授。専門はサウディアラビア政治、中東の予防外交。主な論文・著作は「テロ対策に有効なイスラーム的概念の社会科に関する一考察」（『国際安全保障』三七－二、二〇〇九年）、『サウジアラビアを知るための65章』（編著、二〇〇七年）など。

アラブ民衆革命《みんしゅうかくめい》を考《かんが》える　ISBN978-4-336-05442-5

平成 23 年 10 月 20 日　初版第 1 刷発行

編著者　水《みず》　谷《たに》　周《まこと》

発行者　佐　藤　今　朝　夫

〒 174-0056 東京都板橋区志村 1-13-15

発行所　株式会社　国　書　刊　行　会

電話 03(5970)7421　FAX 03(5970)7427

URL: http://www.kokusho.co.jp

落丁本・乱丁本はお取替えいたします。　印刷・製本　中央精版印刷㈱

5 水谷周著
イスラーム建築の心—マスジド
イスラーム建築の粋は礼拝所であるマスジド（モスク）である。いかに豪華、壮大、多様であっても、その中核的な心は、礼拝における誠実さ、忍耐、愛情、禁欲、悔悟などの徳目に力点が置かれる。

6 飯森嘉助編著
イスラームと日本人
イスラームは日本人にとって、どのような意味を持ちうるのか。イスラームと日本人の接点を回顧し、今後の可能性と問題をまとめる。（飯森嘉助、片山廣、最首公司、鈴木紘司、樋口美作、水谷周）

7 河田尚子編著
イスラームと女性
イスラーム本来の教えでは、男女平等が唱えられている。何が問題になるのか、教えの基本に立ち返って論じる。（金山佐保、齊藤力二朗、前野直樹、永井彰、松山洋平・朋子、リーム・アハマド他）

8 徳永里砂著
イスラーム成立前の諸宗教
イスラームの登場した紀元七世紀以前のアラビア半島の宗教状況は、従来、ほとんど知られていなかった。わが国で初めて本格的にこのテーマに取り組む。

9 水谷周著
イスラーム現代思想の継承と発展
イスラームの現代における政治、社会思想は、どのように継承発展させられているのか。著名な学者父子の思想的な関係を通じて実証的に検証し、アラブ・イスラム社会の家族関係の重要性も示唆。

10 水谷周編著
イスラーム信仰と現代社会
政治、経済、そして安楽死や臓器移植など、現代社会を取り巻く多岐にわたる諸問題に、イスラーム信仰の立場から、どのように捉え対応していくべきかに答える。（奥田敦、四戸潤弥、水谷周他）